COLEÇÃO
pensamento & vida
VOLUME 5

CESARE BECCARIA

PRECURSOR DO DIREITO PENAL MODERNO

Coleção
pensamento & vida
VOLUME 5

CESARE BECCARIA

PRECURSOR DO DIREITO PENAL MODERNO

Marcos A. Pereira

LIVROS ESCALA

Copyright © Editora Escala Ltda., 2011

ISBN 978-85-389-0110-5

Todos os direitos reservados. Nenhuma parte deste livro pode ser reproduzida por quaisquer meios existentes sem autorização por escrito dos editores e detentores dos direitos.

Edição brasileira

Diretor editorial	*Sandro Aloísio*
Autor	*Marcos A. Pereira*
Produção gráfica	*Carlos Eduardo Burnato*
Coordenação editorial	*Ciro Mioranza*
Projeto e Realização	*Criativo Mercado Editorial*
Publisher	*Carlos Rodrigues*
Diretora Financeira	*Sula Lopes*
Gerente de Produção	*José Luiz Silva Teixeira*
Direção de arte	*Yuri Botti*
Diagramação	*Leandro Andrade*
Assistente de Arte	*Marcial Balbás*
Assistente de Produção	*Karina Nascimento*
Revisão	*Ciro Mioranza*
Capa	*Marcos Licius*

```
Dados Internacionais de Catalogação na Publicação (CIP)
(Câmara Brasileira do Livro, SP, Brasil)

Pereira, Marcos A.
   Coleção pensamento & vida : Cesare Beccaria :
precursor do direito penal moderno / Marcos A.
Pereira. -- São Paulo : Editora Escala, 2011. --
(Coleção pensamento & vida ; v. 5)

   Bibliografia.
   ISBN 978-85-389-0110-5

   1. Beccaria, Cesare, marchese di, 1738-1794
2. Economia - História I. Título. II. Série.


11-04349                                CDD-330.92

          Índices para catálogo sistemático:

     1. Economistas : Biografia e obra    330.92
```

Av. Profª. Ida Kolb, 551, Jardim das Laranjeiras, São Paulo, CEP 02518-000
Tel.: +55 11 3855-2100 / Fax: +55 11 3857-9643
Venda de livros no atacado: tel.: +55 11 3855-2120 / +55 11 3855-2148
vendas@escala.com.br * livrosescala@escala.com.br * www.escala.com.br

Impressão e acabamento: Oceano Indústria Gráfica Ltda.

COLEÇÃO *PENSAMENTO E VIDA*

O pensamento do mundo moderno tem suas raízes fortemente ligadas a todo um passado de reflexão que remonta aos tempos em que surgiu a escrita. É fruto de todas as referências do pensar, do perquirir, do pesquisar, do questionar que guiaram desde sempre o homem na busca do sentido da vida e do universo. Sem subestimar a tradição oral, as linhas mestras do pensamento atual se abeberam nas fontes antigas, fontes que passaram a deixar por escrito ideias esparsas, reflexões, ilações, projeções, experiências, fatos e feitos que expressavam o que o homem sentia, vivia e vivenciava, via e vislumbrava, ouvia e observava. Aos poucos foi formando seu tesouro de experiências vividas e de novas descobertas. Como ser pensante, passou a analisar o espaço vital que o envolvia, o 0 sideral que o espiava e o amedrontava, o espaço infinito que desnudava sua pequenez e finitude.

Sentindo-se refém e vítima de um espaço e de um universo incomensurável, recorreu a hipotéticas divindades que poderiam ter criado esse mundo e que poderiam ter conferido a ele, homem, alguma missão nesse cosmo incompreensível. A busca por explicações levam-no a refletir sobre todas as coisas que o cercam. E sente-se compelido a registrar suas impressões.

Com o surgimento da escrita em vários pontos do planeta, a memória do homem se universaliza. Aparecem relatos de todos os tipos, demonstrando o que o homem pensa, o que faz, o que pretende realizar. Aparecem igualmente explicitadas suas relações comunitárias, sua relação com a terra, com os fenômenos naturais, com os astros e com os deuses. São descritas suas proezas, suas conquistas, seus anseios e sua crença no divino, representado por tudo aquilo que não consegue explicar. Os escritos se multiplicam. Muitos deles permanecem inacessíveis por milênios, como os hieróglifos egípcios (decifrados somente no século XIX) ou como os textos etruscos (ainda indecifrados). O homem se revela um pensador, um perquiridor, um questionador, um pesquisador. Os textos mais relevantes da antiguidade são, sem dúvida, os gregos, tanto por terem sido os primeiros a surgir em larga escala como por terem sido os primeiros a ultrapassar as fronteiras da Grécia. A Bíblia hebraica viria depois, porquanto teria sido escrita entre os séculos VIII-VII e II antes de nossa era, mas, de qualquer modo, interessava somente a um pequeno povo. A seguir, os escritos latinos difundem não somente a tradição e cultura latinas, mas também a grega, em todo o vasto império que inclui a Europa, o norte da África e o Oriente Médio. Os escritos do extremo Oriente só se tornariam conhecidos do mundo todo nos séculos XVII-XVIII em diante.

A coleção *Pensamento e Vida* tem por objetivo apresentar ao leitor alguns escritores que deixaram sua marca no pensamento moderno. Entre os inumeráveis pensadores e cientistas que transmitiram seu legado por escrito à sociedade como historiadores, geógrafos, matemáticos, físicos, naturalistas, filósofos, antropólogos, sociólogos, teólogos, foram selecionados alguns que representam todas as épocas da história cultural da humanidade. Cumpre salientar que a coleção não pretende abranger todas as áreas do conhecimento humano, embora nela se confira certa preferência pelo pensamento filosófico. Afinal de contas, nossa filosofia de vida atual se vincula precipuamente a essa vertente do pensamento greco-latino, influenciado posteriormente pelo judaico-cristão bíblico.

    Esta coleção, por fim, se dirige ao público leitor de todos os segmentos de nossa sociedade brasileira. Não se trata, portanto, de estudos de alta sofisticação e de profunda análise filosófica, científica ou antropológica do pensamento transmitido pelo escritor. Ao contrário, apresenta textos acessíveis e de agradável leitura, além de – o que é mais importante – reproduzir textos desses escritores, permitindo ao leitor haurir das fontes originais o pensamento dos autores que fazem parte desta coleção *Pensamento e Vida*.

ÍNDICE

Apresentação..10

I – Cesare Beccaria – perfil biográfico
Infância e juventude...14
Casamento infeliz...16
Vida em Milão..17
Sucesso do livro *Dos delitos e das penas*.......................22
A reação dos juristas..24
Beccaria, homem ciumento e seus fracassos..................25
Depois do grande sucesso, reencontra a vida
tranquila em Milão...27

II – Obra e pensamento de Beccaria
O Direito penal antigo...32
O Direito penal medieval..36
O Direito penal na visão de Beccaria.............................41

III – Textos selecionados da obra "Dos delitos e das penas"
Origem das penas...54
Direito de punir..55
Interpretação das leis...57
Proporcionalidade entre os delitos e as penas................60
Erros nas medidas das penas...63
Divisão dos delitos...64
Da tranquilidade pública...67
Finalidade das penas..69
Acusações secretas...69
Da tortura..71

Presteza das penas..*79*
Violências...*81*
Furtos...*82*
Moderação das penas..*83*
Da pena de morte..*86*
Da prisão..*95*
Processos e prescrição..*98*
Delitos de difícil comprovação...................................*100*
Dos devedores...*105*
Atentados, cúmplices, impunidade............................*108*
De uma espécie particular de delitos........................*110*
Falsas ideias de utilidade..*112*
Dos meios de prevenir os delitos...............................*114*
Das ciências...*116*
Educação..*120*

IV – Abolição da tortura e da pena de morte
Uma revolução na história multimilenar do Direito.......*124*

Bibliografia..*128*

APRESENTAÇÃO

Beccaria é considerado um dos expoentes do Iluminismo italiano. Exclusivamente por causa de seu livro *Dos delitos e das penas*. Os outros escritos, e poucos, desse autor versam sobre economia, área que ocupou a maior parte de sua vida como funcionário público e burocrático do ducado de Milão. Pode-se afirmar, portanto, que Beccaria é um homem que se tornou célebre e que deixou seu nome na história por causa de um único livro. Mas, não resta dúvida, um bestseller.

Participando ativamente, em sua juventude, da *Sociedade dos Punhos*, espécie de academia em que eram discutidos temas polêmicos e típicos do século das Luzes, teve oportunidade de formar mais profundamente seu intelecto e aprofundar suas ideias sobre a nova era da humanidade no período pós-Renascença. Fruto dessas reuniões e das discussões em que nela se envolvia, observando a nova era do pensamento livre e libertador, que se seguia a séculos de domínio do poder absoluto do Estado e do poder controlador e, não poucas vezes, opressor da Igreja, Beccaria projeta redigir um texto sobre as penas aplicadas aos delitos. Aos 26 anos de idade, publica *Dos delitos e das penas*, que é acolhido com entusiasmo em toda a Europa. Logo é traduzido para várias línguas e o jovem se torna uma celebridade além-fronteiras.

Mais que uma filosofia do Direito, a obra é um libelo contra os abusos de autoridade, o arbítrio e a crueldade com que as leis são aplicadas aos que cometem qualquer delito. De família nobre, Beccaria poderia simplesmente ter seguido os passos de seu pai e de tantos outros nobres que viviam outra realidade, que não a do povo, a da grande massa de trabalhadores oprimidos e sem direitos, desprotegidos e à mercê da virulência do autoritarismo dos detentores do poder. Mas Beccaria preferiu debruçar-se sobre os problemas vividos por essa grande massa, de cujo trabalho quase escravo dependia a classe dirigente e a nobreza em geral.

Tocado pelos desmandos da justiça, pela ferocidade na aplicação das leis, pela distorção das próprias leis, por uma legislação antiquada e obsoleta, decidiu escrever. E escrever denunciando os abusos dos promotores e dos juízes, expondo a corrupção que grassava em todos os segmentos da classe dirigente e, sobretudo, denunciando as grandes arbitrariedades cometidas na condenação de criminosos e mesmo de suspeitos. Não havia investigação séria, não havia comprovação dos delitos, mas da simples suspeição se passava à tortura, a fim de arrancar à força a confissão do crime ou do delito perpetrado. Nesse sistema judicial arcaico e injusto, muitos inocentes eram condenados a penas monstruosas, a trabalhos forçados e até mesmo à morte, porquanto haviam confessado ante o terror da tortura implacável, executada com os maiores requintes de crueldade e desumanidade.

Foi assim que, esse jovem culto e corajoso, se impôs o dever de redigir um texto em que pretendia, além de condenar o sistema judicial vigente, propor novas ideias, novos rumos a tomar no tocante à investigação e análise dos delitos e à aplicação das penas. Deveria enfrentar críticas e a reação feroz dos conservadores apegados à tradição medieval, geralmente ligados às cortes e às autoridades eclesiásticas, quando não diretamente à Inquisição que, embora moribunda, ainda atuava em bolsões da Europa.

Na época de sua publicação, o livro causou enorme impacto e foi recebido com grande euforia e entusiasmo em todos os recantos onde o Iluminismo já exercia sua benéfica influência. Logo foi considerado uma obra-prima no âmbito do Direito penal e um grande passo em direção da reforma das leis, que a sociedade já exige há algum tempo. O sucesso do livro se deve também à posição corajosa de Beccaria ao propugnar abertamente a abolição da tortura e da pena de morte.

Por sua argumentação filosófica, por seu embasamento jurídico, por sua independência de pensamento ante o poder constituído, representado este pelo Estado soberano e absolutista e pela Igreja, *Dos delitos e das penas* é considerado não somente uma obra inovadora, mas confere a seu autor o título de fundador de um novo Direito penal, mais humano, mais justo, mais coerente, mais moderno.

Cesare Beccaria
perfil biográfico

Infância e juventude

Pode-se dizer que Beccaria é um homem de um só livro. De fato, ficou famoso em sua época e em toda a Europa com a pequena obra revolucionária *Dos delitos e das penas*, redigida quando ele tinha apenas 26 anos de idade, versando sobre o Direito penal. Nela invocava uma reforma radical do sistema judiciário vigente e conclamava para que fossem revistos os conceitos sobre delito, que se ressentiam ainda de uma visão retrógrada e medieval, e para que fosse revista igualmente a aplicação das penas. Os demais escritos desse iluminista italiano, além de poucos, tratam especialmente de economia, visto que assumiu o cargo de ministro das finanças do ducado de Milão, que na época estava sob a dominação do império Austro-húngaro.

Cesare Beccaria nasceu em Milão, no dia 15 de março de 1738, filho de uma aristocrática família originária de Pavia, situada a 100 km a sul de Milão. É o filho primogênito do marquês Giovanni Saverio Bonesana, marquês de Beccaria (1697-1780) e de Maria Visconti di Saliceto. O marquês era homem da alta sociedade, culto, dono de uma biblioteca monumental. O filho recebeu no batismo os nomes de Cesare Francesco Giuseppe Maria Gaspare Melchiorre Baldassare Antonio Marcellino, bem ao estilo da nobreza da época que ainda refletia os costumes de secular feudalismo. Sua fama na vida adulta, porém, o tornaria conhecido simplesmente como Cesare Beccaria, herdando como sobrenome o título nobiliárquico do pai, em vez do original Bonesana.

Conforme o costume típico dos nobres da época, as famílias pouco se ocupavam da educação dos filhos e mantinham até mesmo com eles um comportamento distanciado e até forma. Por essa razão, Cesare, aos 8 anos de idade, é confiado as padres jesuítas e matriculado no Colégio Farnesiano de Parma, conhecido também como "Colégio dos nobres". Esse colégio recebia expressivo número de filhos da nobreza de Milão. Cesare permanece ali de 1746 a 1754, despertando a atenção dos professores por sua inclinação pela matemática e outras ciências em geral, além de obter elogios dos mestres por sua excelente capacidade de expressar seu pensamento de forma extremamente lógica.

Aos dezesseis anos, em 1754, entra na Universidade de Pavia e, quatro anos mais tarde, obtém a licenciatura em Direito. Durante o período universitário, familiarizou-se com os escritos dos iluministas e sente-se como que agredido pelos velhos princípios e cânones do Direito do mundo antigo e medieval. Segundo afirmaria ele próprio mais tarde, sua mente começou a abrir-se e, em decorrência, passou a refletir sobre a necessidade de mudanças radicais no sistema penal, ao ler *Cartas persas* de Montesquieu, *Do espírito* de Helvétius e *Contrato social* de Rousseau, além de outros de Buffon, Diderot, Hume e outros.

Com o diploma de Direito, Cesare Beccaria retorna a Milão e segue a carreira de seu tio paterno Nicola Francesco Beccaria (1702-1765), doutor em Direito, membro de um colégio de jurisconsultos, juiz em Pavia e em Milão.

Casamento infeliz

Em 1760, Cesare se apaixona por Teresa Blasco, de ascendência espanhola, filha de um coronel do destacamento de engenharia do exército de Milão. O ducado de Milão havia ficado quase dois séculos (1535-1706) sob o domínio espanhol, passando depois sob a dominação austríaca. O pai de Cesare se opõe radicalmente ao casamento do filho com Teresa Blasco. Chega até a pedir ao governo e obtém a prisão domiciliar de Cesare. Foi somente com a intervenção e a influência de um conde que o jovem reconquista sua liberdade total. Um ano depois, em fevereiro de 1761, Cesare abandona a casa paterna e se casa com Teresa.

O casal viverá uma união tumultuada, repleta de contratempos e de traições, causadas estas exclusivamente por ela. Talvez por causa dessas infidelidades, do temperamento irrequieto e inconstante da mulher, Cesare se reaproxima da casa paterna e se reconcilia com a família.

O casal teve quatro filhos. A primogênita Giulia (1762-1841) se tornará mãe do grande romancista italiano Alessandro Manzoni, autor do celebérrimo romance, logo traduzido em muitos idiomas, *I promessi sposi* (*Os noivos*, na tradução portuguesa). A segunda filha, Maria, nasce em 1766. Os dois últimos rebentos desse casal, Giovanni Annibale, nascido em 1767, e Margherita, nascida em 1772, morrem poucos dias após seu nascimento. Acometida de sífilis, Maria Teresa morre em 14 de março de 1774.

No mesmo ano de 1774, Cesare casa-se em segundas núpcias com Anna Barbò (1752-1803), mulher tranquila, sensata, de caráter totalmente oposto ao da primeira mulher de Beccaria. O casal tem um filho, Giulio.

Vida em Milão

De volta à capital da Lombardia, Cessare frequenta ambientes esclarecidos das Academias que, na época, eram de moda na Europa. Ele entra em contato com os irmãos Alessandro Verri (1741-1816) e Pietro Verri (1728-1797), escritores, economistas, magistrados, amantes da filosofia e líderes da *Società dei Pugni*. Esta associação discutia política, filosofia, economia e outros temas ligados à sociedade da época que acompanhava com interesse o movimento iluminista francês e se propunha a difundi-lo no norte da Itália.

Na realidade, sob dominação espanhola desde 1535, Milão é austríaca no século XVIII, desde o tratado de Rastatt de 1714. E continuará governada pelos austríacos até a conquista de Napoleão Bonaparte em 1796. Com aproximadamente 120 mil habitantes em 1780, a cidade de Milão vive as ideias e as propostadas do Iluminismo francês. Nessa cidade, Beccaria opera progressivamente sua conversão intelectual, lendo os filósofos naturalistas e materialistas e participando assiduamente das reuniões da *Società dei Pugni*.

Formada por um grupo de jovens patrícios abertos às novas ideias iluministas, a *Accademia* ou *Società dei Pugni* (Academia ou sociedade dos punhos) havia surgido em 1761, por iniciativa de Pietro Verri. Este conde milanês era grande entusiasta das concepções dos iluministas franceses que preconizavam novos tempos de liberdade de pensamento, desvinculado da religião, depois do grande movimento político e cultural do Renascimento. Pietro Verri era secundado por seu irmão Alessandro e, com a adesão de Beccaria, decidiram publicar a revista *Il Caffè*, periódico que circulou durante dois anos (junho de 1764 a maio de 1766). Era um panfleto aguerrido e difundia as novas ideias do Iluminismo e conclamava por reformas radicais em todos os setores da sociedade. Nos artigos redigidos por Beccaria, podia-se vislumbrar sua preocupação com a educação dos jovens. Ele pensava que o jovem bem instruído e de nível de escolaridade satisfatório ou mesmo superior ficaria menos inclinado a cometer delitos, menos exposto à criminalidade. Afinal, Cesare era formado em Direito, e seus artigos privilegiavam essa área. Foi precisamente em decorrência desses artigos que, estimulado por Pietro Verri, que era protetor dos encarcerados, Becarria redigiria sua célebre obra *Dei delitti e delle pene* (Dos delitos e das penas).

O livro que o tornaria famoso em todos os meios intelectuais e nos círculos do Iluminismo foi publicado anonimamente por uma pequena editora de Livorno, cidade da Toscana (Itália), em julho de 1764. A obra foi redigida com a colaboração de todos os membros da *Società dei Pugni*. A troca de ideias com todos os articulistas do *Il Caffè*, que discutiam temas pungentes da sociedade da época, também interferiram na redação final da obra. Entre estes últimos estava Alessandro Verri, que era protetor dos encarcerados. Foi ele que, ao constatar a maneira retrógrada de conduzir os processos judiciais, fonte de numerosos erros, insistiu para que se lançasse um movimento de atualização de todos os processos criminais. Fruto de debates contínuos no círculo desses intelectuais, surgiu a ideia de publicar um manifesto em forma de livro, resultando assim a obra *Dei delitti e delle pene* que foi redigida, em sua forma final, por Cesare Beccaria.

Na realidade, a época se ressente de numerosos escândalos decorrentes dos excessos da justiça criminal. Os filósofos refletem sobre o direito de punir em vigor e enfrentam o desafio para erradicar um sistema retrógrado, com suas raízes históricas na assim chamada "obscura Idade Média". Para suplantar o fanatismo religioso constatado no caso Calas, na França, Voltaire havia publicado em 1763 o *Tratado sobre a tolerância*. O autor denuncia a submissão do sistema penal à esfera religiosa, bem como a reação "antifilosófica" dos envolvidos no processo. A indignação social que o processo e a execução de Calas provocam nos meios mais esclarecidos e desvinculados dos processos eclesiásticos traz à tona, com toda a força, o debate sobre a moderação das penas e a secularizaçao da justiça criminal. Em Milão, essa polêmica atrai a atenção dos membros da *Società dei Pugni*, dos articulistas do *Il Caffè* e, obviamente, de Beccaria.

Por essa razão também, entre 1763 e 1764, Cesare Beccaria, inspirado por Montesquieu, Rousseau e Hobbes, aceita o desafio de redigir o livreto sobre o direito de punir.

Na breve introdução de sua obra, Beccaria refuta a autoridade do Direito romano, os calhamaços dos comentadores, o fanatismo, as convenções morais, as leis dos séculos mais bárbaros, o costume jurídico, o Direito canônico, que classifica o crime como um pecado.

Independente de fé, de religião, o autor privilegia o apoio aos interesses da humanidade, como requer o grande movimento renascentista que coloca o homem como centro da filosofia, da filosofia de vida e da própria vida. Esse é o projeto filosófico-moral, social e político de Beccaria. O humanismo, a reflexão sobre a urgência de uma profunda reforma penal, as bases filosóficas para tanto de seu tratado são o resultado de uma reflexão conjunta que foi amadurecendo no interior da *Società dei Pugni*, sob a coordenação e liderança de Pietro Verri. Aliás, este foi o principal membro da sociedade a estimular Beccaria para que escrevesse o pequeno tratado. Ele próprio, além disso, releu todo o manuscrito, corrigiu-o, fez adendos, segundo confessa o próprio Beccaria: "Foi ele que me encorajou a escrever e a ele devo a desistência de jogar no fogo o manuscrito *Dei delitti*, que ele teve a gentileza de transcrever com suas próprias mãos."

Em abril de 1764, Verri mostra o manuscrito a um editor da cidade de Livorno, porto marítimo da Toscana. Em julho de 1764, é publicada, como anônima, a primeira edição de 104 páginas, dividida em 41 capítulos, do *Dei delitti e delle pene*. A impressão do livro foi realizada na tipografia de Marco Coltellini. Com uma tiragem de mil exemplares, a obra é remetida a Milão no mesmo mês de julho. Em 10 meses, esgotam-se três tiragens. Além disso, sucedem-se outras edições genuínas e diversas falsificadas. Na sociedade italiana, o impacto intelectual da obra é imediato, tanto daqueles que são favoráveis às novas ideias, como daqueles que se posicionam radicalmente contra.

Em Veneza, o secretário dos inquisidores do Estado exige que o cônsul da República em Livorno identifique rapidamente o autor do livro. Os juristas da venerável congregação o condenam em agosto especificamente por ter atacado o procedimento inquisitório que se baseia na acusação secreta. Os prelados romanos se mostram inquietos e sumamente preocupados com a maneira pela qual Beccaria refuta a concepçao do crime como pecado. Em janeiro de 1765, o padre Ferdinando Faccinei publica anonimamente, em Veneza, um virulento panfleto conservador, intitulado "*Note ed osservazioni sul libro intitolato Dei delitti e delle pene*", no qual defende a Inquisição como instituição de direito divino, além de defender a tortura e a pena capital, visto que o crime, segundo ele, é um pecado incorrigível e que merece toda repressão possível. O autor desse panfleto ataca frontalmente Beccaria e o acusa de materialista, filósofo sem princípios, danoso para a sociedade e, acima de tudo, escritor que pretende destruir a religião.

A resposta a esse ataque não se faz esperar. É redigida pelos irmãos Verri e publicada em fevereiro de 1765. Nela os signatários defendem as novas ideias do Iluminismo e a liberdade de imprensa. Defendendo o autor de "Dos delitos e das penas", os autores do manifesto atacam a intolerância religiosa e procurar demonstrar que o reformismo de Beccaria reforça a autoridade do Estado, repõe em seu devido lugar a influência prepotente da religião e propõe, desse modo, a modernização do próprio Estado. A resposta dos irmãos Verri assinala que não "se deve infligir a pena de morte", nem "necessária, nem verdadeiramente útil". Um Estado, conclui o texto, "pode subsistir sem punir com a pena capital nenhum criminoso".

Praticamente alheio a todos esses debates e à polêmica generalizada que seu livro suscitou nos meios intelectuais e eclesiasticos, Beccaria continuou levando uma vida tranqüila e solitária, mergulhado na leitura dos filósofos. E continua escrevendo. Durante os dois anos de existência do periódico *Il Caffè*, ele publica artigos variados, especialmente sobre economia.

Nesse meio tempo, sua obra *Dos delitos e das penas* não lhe pertence mais. Circula rapidamente, ultrapassa as fronteiras da Itália e torna-se, como *Do Espírito das leis* de Montesquieu, um best-seller do Iluminismo.

Sucesso do livro *Dos delitos e das penas*

Toda a Europa fala desse livro. Isso, de modo particular, por causa da tradução francesa da lavra do padre Morellet, que difunde o livro de Beccaria em todo o continente europeu. Impressionado com a modernidade da obra, o padre Morellet se empenha em traduzir rapidamente a obra para a língua francesa, porquanto, na época, o idioma francês era muito mais conhecido na Europa que o italiano. Nos seis primeiros meses de 1766, são impressos 7 mil exemplares da tradução francesa, número extraordinário para o século XVIII.

Desde meados da década de 1760, Academias políticas e sociedades econômicas de diversos países europeus clamam por uma reforma da legislação criminal. Em artigos, panfletos, livretos e outras publicações, são abordadas inúmeras questões que visam à modernização do Estado e de seu direito de punir, tais como a utilidade da pena capital, a ab-rogaçao das penas infamantes, a abolição da tortura, as reparações devidas aos acusados inocentes, a competência dos tribunais, terminando por um clamor generalizado pela reforma do código penal. O livro de Beccaria responde a esses anseios, ao promover a modernização e humanização dos procedimentos judiciais e do próprio regime penal.

Já reconhecido como autor da obra, Beccaria, ao agradecer em 1766 a Morellet a tradução de seu livro para o francês, evoca sua adesão ao Iluminismo:

"A época de minha conversão à filosofia remonta a cinco anos, quando li as "Cartas persas"(de Montesquieu). A segunda obra que completou a revolução em minha mente foi a de

Helvétius... Devo à leitura de "O espírito das leis" grande parte de minhas ideias. A sublime obra de Buffon (História natural geral e particular) abriu-me o santuário da natureza... O que pude ler até agora de Diderot... encheram-me de ideias e de calor... A metafísica profunda de Hume, a verdade e a novidade de suas opiniões me encantaram e iluminaram minha mente... Que diria, senhor, das obras filosóficas de D'Alembert? Mostram-me uma cadeia imensa de ideias grandes e novas e nela encontro a elevação e o estilo de um legislador."

Depois da tradução francesa, aparece a inglesa, logo depois a sueca, a polonesa, a alemã, a espanhola. Em vários Estados europeus formam-se comissões para reestudar o sistema penal e em vários países a tortura é abolida, as penas são abrandadas e o código penal é revisto. O pequeno livro de Beccaria se transforma num manifesto do Iluminismo que clama por uma modernização das instituições judiciais e do Estado, que incita por uma verdadeira revolução nos conceitos, nas atitudes e nos atos de governo. A sociedade necessita desvencilhar-se de suas raízes ressequidas e depauperadas do período medieval. Que Deus e a religião permaneçam em seu devido lugar, na busca pela salvação das almas, mas que não pretenda mais governar o homem moderno. Isso é de exclusiva competência do Estado, de competência total do Estado, que não deve mais valer-se da religião para julgar e condenar. Que a religião continue com seus princípios, restritos, porém, a seu âmbito, sem interferência na coisa pública.

Apesar disso, a reação da Igreja não se faz esperar. O materialismo de Beccaria, que separa o código penal do religioso, irrita todos os meios eclesiásticos, com as raras exceções de alguns círculos clericais que aderem às novas ideias do Iluminismo. Em 1766, como era de se esperar, o livro *Dos delitos e das penas* é inserido no *Index librorum prohibitorum* do Vaticano. Esse ato se transforma, na verdade, em ampla propaganda para a obra nos meios intelectuais e iluministas. Novas edições do livro se sucedem velozmente em todas as línguas e, em pouco tempo, a obra é exposta, vendida e lida em toda a Europa. Onde o poder da Igreja é mais influente e decisivo, o livro é distribuído e vendido clandestinamente.

A reação dos juristas

Traduzido e difundido em toda a Europa, *Dos delitos e das penas* chama a atenção dos juristas e dos magistrados. Os mais abertos a novas ideias ou progressistas não reagem ou reagem favoravelmente, passando a refletir sobre o envelhecido sistema judicial e penal. Os conservadores, porém, passam ao ataque. A ofensiva antirreformista parte principalmente dos penalistas profissionais apegados ao status quo institucional do regime penal.

Alguns acusam Beccaria de enveredar por um caminho perigoso ao pedir o abrandamento das penas. Acusam-no de arvorar-se como reformador quando, na realidade, investe contra as máximas sagradas do governo, dos costumes e da religião. Esses conservadores reagem com insistência, invocando a tradição secular, a legislação baseada nos princípios de uma religião revelada, a justiça humana como colaboradora da justiça divina. Afinal, o crime é pecado e quem condena o pecado só pode ser Deus, por intermédio de seu braço humano, a Igreja. Além disso, acusam Beccaria de não ter nenhuma competência jurídica para apresentar-se como defensor dos infratores e criminosos, que compõem um real e verdadeiro flagelo da humanidade, que a desonram e que propugnam até mesmo por sua destuição.

Os progressistas defendem as ideias de Beccaria e clamam por uma ética penal baseada na equidade do juiz, na rapidez do processo, na legalidade das penas, na abolição da tortura e dos suplícios, na salubridade das prisões, na abolição da pena de morte. Esses juristas condenam a arbitrariedade, os conluios, a insuficiência de provas substituída por princípios de religião e de moral hipócrita, coisas vistas e constatadas na maioria dos processos judiciais da época, coisas que conspurcam o verdadeiro direito de julgar e de punir. Condenam igualmente os pré-julgamentos baseados em preconceitos, em ódios inomináveis e em divergências religiosas. Segundo estes ainda, é chegada a época da secularização, da desvinculação de Igreja e Estado, é chegada a época do homem social, da modernização, da passagem de um Estado submisso à religião para um Estado livre e soberano, dono de suas leis e de suas modalidades de governar. As penas, quando devam ser aplicadas, deverão sê-lo de modo condizente, congruente e humano. O divino não entra na condenação, não pode mais interferir na legislação livre e soberana proposta pela Estado.

Beccaria, homem ciumento e seus fracassos

Famoso em toda a Europa, Cesare Beccaria é convidado pelos círculos iluministas de Paris para uma série de encontros e palestras. Em outubro de 1766, Beccaria segue para Paris em companhia de Alessandro Verri. O projeto dessa viagem de encontros com intelectuais, de debates sobre a modernização do Direito penal incluía, em princípio, também Londres. Beccaria é acolhido triunfalmente pelos enciclopedistas e por muitos outros representantes da intelectualidade francesa.

Mas Beccaria não se sente bem nos salões literários parisienses. Sua timidez e seu ar esquivo decepcionam os franceses. Talvez acabrunhado por imensa saudade de casa, talvez por inquietações pelo peso da glória que recaía sobre seus ombros, ele se sentia deslocado; talvez por causa também de divergências com o radicalismo de certos intelectuais franceses, o fato é que Beccaria se mostrava sempre triste, melancólico, alheio a tudo e com pouca vontade de participar dos debates. Há quem relembre os extremados ciúmes de sua mulher que ficara em Milão e que era cortejada por Pietro Verri. De fato, havia quem afirmasse depois que Giovanni Annibale não seria filho de Cesare Beccaria, mas teria sido concebido durante sua permanência em Paris. Enfim, sentindo-se pouco à vontade, o escritor italiano decide voltar para sua terra natal e deixa prematuramente os salões da intelectualidade francesa. Deixa Paris em dezembro de 1766. Planejado para durar seis meses, seu "giro filosófico" se transforma em fracasso.

Na verdade, parece que o verdadeiro motivo de seu prematuro retorno a Milão tenha sido o rompimento com os irmãos Verri em Paris. Beccaria deveria ter desmentido que o panfleto intitulado *Apologia dos Delitos e das penas*, de lavra dos irmãos Verri, era de sua autoria. De fato, o texto havia sido redigido pelos irmãos Verri em 1765 para responder aos violentos ataques do padre Facchinei, que acusava Beccaria de herege.

De qualquer forma, depois desse fracasso parisiense, a redação do periódico *Il Caffè* entra em colapso. Incompreensões e rivalidades pessoas colocam em cheque também a *Società dei Pugni*. Além do mais, o governo austríaco, ao qual estava ligado o Ducado de Milão, não via com bons olhos o movimento dessa sociedade e mesmo o periódico.

Em 1767, Beccaria é convidado a participar na Rússia da comissão legislativa instaurada por Caterina II que pretende codificar as leis de seu império. O projeto inclui, entre outras coisas, a abolição da pena capital, da tortura e dos julgamentos sumários e sem provas convincentes. Por outro lado, a Rússia pretende instaurar um sistema capaz de prevenir qualquer atuação criminosa, em vez de tentar reprimi-la a posteriori por meio de castigos e penas. Beccaria se entusiasma de início, mas, ouvindo os conselhos de amigos, prefere não aventurar-se e recusa o convite. Por outro lado, cede também à interferência das autoridades austríacas de Milão que preferem conservar o economista no Ducado lombardo. Na realidade, tímido e avesso a toda essa publicidade em torno de sua obra, opta por resguardar-se e permanecer em sua bela Milão a serviço do Estado e dedicando-se a suas reflexões e estudos, doravante direcionados especificamente para o campo da economia política.

Depois do grande sucesso, reencontra a vida tranquila em Milão

Dois anos antes da publicação do livro sobre o Direito penal, Beccaria já havia publicado o ensaio *Del disordine e de' rimedi delle monete nello Stato di Milano* (Da desordem e dos remédios das moedas no Estado de Milão).

Em 1768 aceita a cátedra de Economia política que o governo lhe oferece na Escola Palatina de Milão. O curso ministrado por Beccaria será impresso posteriormente (em 1804), com o título *Elementi di economia pubblica* (Elementos de economia política).

Em 1770 publica *Ricerche intorno alla natura dello stile* (Pesquisas em torno da natureza do estilo), obra literária que trata de dar à palavra sua força expansiva, sua carga imaginativa, sem aparentar ser demasiado poética nem muito sentimentalista, mas capaz de suscitar emoções.

No mês de abril de 1771, Beccaria é eleito membro do Supremo conselho de Economia. Com essa nomeação, termina praticamente sua produção literária e passa a ocupar-se quase exclusivamente a despachos de sua nova função.

Em 1774, sua primeira mulher morre. Depois de poucas semanas de viuvez, casa-se em segundas núpcias com uma jovem da aristocracia milanesa, que lha dará um filho, Giulio.

Em 1778, é nomeado magistrado provincial das finanças e membro da comissão encarregada da reforma monetária. Em decorrência dessa nova função, em 1780 redige o *Riduzione delle misure di lunghezza all'uniformità nello Stato di Milano* (Redução das medidas de comprimento à uniformidade no Estado de Milão).

Em 1786, Beccaria entra no departamento de economia (agricultura, indústria e comércio) do conselho de governo da Áustria. Toma importantes decisões sobre o comércio de grãos e sobre o recenseamento da população, tentando reorganizar, no plano político-administrativo, o Estado milanês. Em 1789, torna-se membro do departamento de justiça, onde desenvolve sua atuação como burocrata.

Em 1790, escreve um artigo em defesa dos tecelões da cidade de Como, que estão sublevados.

Em 1791, é nomeado membro da Comissão para a reforma do sistema judicial civil e criminal. No mesmo ano, redige *Brevi riflessioni intorno al Codice generale sopra i delitti e le pene, per ciò che riguarda i delitti politici* (Breves reflexões em torno do código geral sobre os delitos e as penas, no tocante aos delitos políticos). No ano seguinte, 1792, subscreve com outros juristas o voto contra a pena de morte. A tortura já havia sido praticamente abolida em todo o Império austríaco.

Em sua vida tranquila como burocrata estatal, Beccaria não deixava de acompanhar com prazer as reformas que eram feitas em diversos Estados europeus, sobretudo com relação ao Direito penal; acompanhava, sensibilizado, a abolição da pena de morte, a eliminação da tortura, a exclusão de diversos delitos como sendo de lesa-majestade, a implantação da proporcionalidade das penas, enfim, a aplicação de um Direito penal mais humano e mais congruente.

No dia 28 de novembro de 1794, Cesare Beccaria morre em seu quarto, acometido de um ataque de apoplexia ou, segundo outros, vítima de um acidente vascular cerebral.

Beccaria passou para a história como autor de um único livro de peso. De fato, *Dei delitti e delle pene* se tornou um clássico na literatura jurídica do Ocidente. Escrito quando ele tinha apenas 26 anos, esta pequena obra influenciou a Europa inteira no que tange à reforma penal. Por essa razão, Beccaria é considerado o precursor do Direito penal moderno.

Obra e pensamento de Beccaria

Antes de analisar as linhas do pensamento de Cesare Beccaria no tocante ao Direito penal, convém descrever brevemente a história dessa parte do Direito, desde os tempos antigos até a época de vida desse autor. Cumpre salientar que, excetuando o Direito penal romano, as demais notícias documentais que se possui da antiguidade e da Idade Média primavam pelo direito à vingança, pela tortura e pela pena capital. Mesmo o Direito penal romano não era modelo de justiça na aplicação das penas, por dois motivos: em primeiro lugar, a sociedade romana se dividia em classes e, pode-se dizer, havia um tipo de aplicação das penas para a elite, outro para a plebe e outro ainda para os escravos. De qualquer forma, pareceria ser o mais brando e, dir-se-ia hoje, mais côngruo e justo. Em breves pinceladas, portanto, os pontos principais do Direito penal antigo e daquele medieval, duas visões diversas daquelas que Beccaria passaria a preconizar para uma sociedade pós-medieval, renascentista, iluminista e moderna.

O DIREITO PENAL ANTIGO

A legislação penal mais antiga de que se tem notícia pode ser concentrada no código Hamurabi, da Mesopotânia, nas leis da Bíblia do povo judeu e na Lei das XII Tábuas dos romanos. Aliás, o primeiro Direito a surgir foi o penal, que buscava reprimir abusos e crimes de todo tipo. A pena para todo crime representava, nessas legislações, a vingança privada da própria vítima ou de sua parentela ou do grupo social que se sentia agredido pelo crime, mesmo que fosse perpetrado por um único indivíduo.

Em outras palavras, tratava-se do *jus talionis* ou *lex talionis* (lei do talião), chamada também *poena talionis* (pena do talião). Essa lei previa que a justiça feita com as próprias mãos ou o revide não ultrapassade a medida da ofensa. A vindicta ou vingança devia ser proporcional à agressão. Por isso a Bíblia fala claramente de "olho por olho, dente por dente". Na verdade, o texto bíblico é mais longo e incisivo, como se pode ler no livro do Levítico, 24, 27-23: "*Quem matar um homem, torna-se réu de morte. Quem matar um animal deverá dar uma compensação: vida por vida. Se alguém ferir o seu próximo, deverá ser feito a ele aquilo que fez ao outro: fratura por fratura, olho por olho, dente por dente. A pessoa sofrerá o mesmo dano que tiver causado a outro: quem matar um animal deverá dar uma compensação por ele; e quem matar um homem deverá morrer. A sentença será sempre a mesma, quer se trate de nativo, quer de imigrante... Depois que Moisés falou aos filhos de Israel, tiraram do acampamento aquele que havia blasfemado e o apedrejaram. Fizeram o que Javé havia dito a Moisés.*" No texto do Deuteronômio, 19, 21, o autor sagrado é igualmente incisivo: "*Não tenhas piedade dele: exigirás vida por vida, olho por olho, dente por dente, mão por mão, pé por pé.*"

Pode-se observar que, nessa época antiga, religião e Direito eram temas que se confundiam. O homem era visto como criatura de Deus ou dos deuses, entre os pagãos; em decorrência disso, uma agressão ao homem era considerada uma ofensa à divindade. E o castigo ou a pena visava, acima de tudo, aplacar a ira divina. Esse tema perpassa praticamente todos os textos da Bíblia, mas não só. Entre os povos mesopotâmicos, entre os egípcios e mesmo entre os gregos e romanos, de início, o delito se configurava como uma ofensa à divindade. Deveria, pois, ser expiado, sob pena de atrair a fúria dos deuses que, por sua vez, castigariam ou se vingariam com muito mais rigor.

Aos poucos, porém, foi sendo estabelecida também a pena pecuniária, mediante a qual o agressor satisfazia a ofensa com uma quantia em dinheiro. Essa espécie de indenização ou de multa já fora introduzida no código de Hamurabi, bem como na legislação bíblica e, mais tarde, passou a vigorar também entre os romanos e os povos germânicos.

Entre os antigos romanos, a autoridade do paterfamílias era ilimitada e exercia seu poder sobre toda a família, mulher, filhos e escravos. O paterfamílias tinha inclusive o direito de vida e de morte sobre todos os membros de seu clã ou grande família.

Com o advento da república, no século V a.C., surgiram novas leis, decretando o fim da vingança ou da lei do talião. Essas novas leis diziam respeito a todas as situações que pudessem advir no interior da sociedade romana. Não somente leis sobre assassinatos, traições, estupros, roubos, furtos e outros crimes, mas também normas que legislavam sobre a propriedade privada, sobre os escravos, sobre o comércio, etc.

No tocante ao Direito penal, os romanos estabeleceram as bases jurídicas para os conceitos de culpa, dolo, imputabilidade, legítima defesa. Foram eles também que começaram a legislar sobre agravantes e atenuantes de um delito, de uma agressão ou de uma transgressão.

Enfim, o Direito romano é de capital importância para o mundo ocidental e vigorou neste através dos séculos, inclusive até hoje, ressalvando-se adaptações e alterações que respondiam às novas épocas e aos novos tempos.

Pode-se afirmar que, nos primórdios da Roma monárquica, prevaleceu o Direito consuetudinário, embora já se fizesse a distinção entre os crimes públicos e privados. Os primeiros compreendiam a traição, a conspiração política contra o Estado e o assassinato, enquanto os demais eram considerados crimes privados. O julgamento dos crimes públicos era de atribuição do Estado, por intermédio do magistrado, que reunia tribunais especiais e, de modo geral, a sanção aplicada era a pena de morte. O julgamento dos crimes privados, ao contrário, era confiado ao próprio cidadão agredido ou ofendido.

Note-se que o Direito romano contribuiu decisivamente para a evolução do direito penal, porquanto estabeleceu princípios jurídicos e penais que configuravam o erro, a culpa ou dolo, a imputabilidade, a coação irresistível, a legítima defesa, os conceitos de agravante e atenuante. Tanto mais importante foi a legislação romana, pois soube atribuir às diferentes agressões diversas penas físicas ou simples obrigação de compensação justa pelo dano causado.

No mundo romano republicano passou a vigorar também a distinção nos delitos entre o propósito, o ímpeto, o caso fortuito, além da culpa leve e da ampla. A finalidade da pena visava precipuamente à emenda ou à recuperação do homem, do cidadão.

Os delitos ou crimes contra o Estado eram geralmente punidos com o exílio ou o banimento da sociedade. Os delitos de cunho privado recebiam a pena da compensação, geralmente pecuniária. Desse modo, com o passar dos séculos, a pena de morte é praticamente abolida. Prefere-se aplicar a pena do exílio ou da deportação.

O DIREITO PENAL MEDIEVAL

No período medieval, a influência do cristianismo é marcante, para não dizer total, em toda a Europa. Pode-se dizer, em princípio, que houve um retrocesso na aplicação das penas, depois das conquistas e da evolução do Direito romano. Em outras palavras, volta-se a colocar em primeiro plano a justiça divina, relegando a plano secundário e, por vezes, inexpressivo a justiça humana. Volta-se, embora de forma algo mais branda, à lei do talião, de raízes bíblicas. O direito de punir sofre, portanto, uma involução. Esse retrocesso chega não poucas vezes a mesclar direito divino de punir e fanatismo. Infelizmente, essa nova visão persistirá por todo o período medieval, invadindo até mesmo séculos pós-renascimento.

Houve a confluência de dois conceitos fundamentais, intimamente ligados pela religião, ou seja, crime e pecado. Todo crime era pecado e, como tal, merecedor de punição, tanto mais severa quanto mais ofendesse a Deus. O cristianismo considerava o homem como única e exclusivamente criatura de Deus e, portanto, de Deus deveria receber prêmio ou castigo. Verificou-se, pois, a supremacia do espiritual. O homem, como homem, pouco valor possuía. O que interessava era a alma, imagem de Deus.

A efervescência religiosa medieval comprova a busca incessante de Deus, a prática religiosa fervorosa, o medo das penas e dos castigos infligidos por Deus neste mundo e, muito mais, no outro mundo. O inferno se transforma em figura central da pregação. O medo do inferno aterroriza. O céu, por outro lado, difícil de ser conquistado, requer máximo empenho e prática da fé. Dessa visão profundamente religiosa decorre o desprezo do corpo, considerado mísero invólucro temporal da alma; disso decorre também a corrida aos templos e igrejas, aos mosteiros e à vida contemplativa. Tudo na vida do homem deve resumir-se em salvação ou perdição... eternas da alma. O corpo é pó, é matéria descartável. Por isso o homem medieval recorre a práticas de flagelação individual e coletiva, ao uso de cilícios e azorragues para castigar esse corpo inútil e deletério, útil somente enquanto instrumento para conseguir a salvação eterna da alma.

Diante desses binômios crime-pecado, salvação-perdição, instaura-se a justiça divina para todas as circunstâncias da vida humana. Nesse ambiente de profunda e coercitiva religiosidade medieval nasce a Inquisição, braço material da aplicação da justiça divina. A religião do medo acarreta a fuga do pecado, a fuga da justiça divina, se não aplicada neste mundo, certamente aplicada no outro, nas chamas do fogo eterno.

No Direito penal medieval o princípio de castigar, incluindo a aplicação da pena, caracterizou-se, portanto, como função específica da justiça divina; a esse princípio se passou a denominá-lo de "delegação divina". O castigo e a expiação tinham um aspecto e um significado de experiência espiritual, uma vez que a dor da pena é bálsamo para a alma e redime. A prisão, por outro lado, era vista como um meio para que o pecador ou delinquente pudesse meditar sobre sua culpa e arrepender-se diante de Deus e perante seus delegados na terra, representados pelas autoridades eclesiásticas. É evidente, portanto, que Igreja, aplicadora da pena, considerava o delito simplesmente como pecado e deixava de considerá-lo como um ato antissocial.

Essa visão do mundo, do homem e da sociedade levou ao esquecimento dos códigos de Direito romanos, dos princípios de equidade, da validade das leis sociais. A comunidade humana não era uma sociedade de homens de plenos direitos, mas uma comunidade eleita por Deus, a quem tudo era devido e a quem tudo devia referir-se. Desse modo, a religião foi usada como meio para acobertar as mais cruéis e desumanas atrocidades na aplicação das penas. O fanatismo e a superstição imperavam em toda parte.

O passo seguinte e imediato foi a instauração da Inquisição, tribunal eclesiástico que julgava, condenava ou inocentava e aplicava a pena, inclusive a de morte. De início, voltada somente contra os hereges confessos e contra as pessoas suspeitas de heterodoxia cristã, aos poucos passou a coibir as mínimas liberdades individuais, desconfiando de tudo e de todos. O processo era sumário e geralmente terminava com a condenação. A pena de morte era aplicada com uma frequência inadmissível e executada com requintes de crueldade, quase sempre precedida de uma série de suplícios, cujo objetivo não era o de aterrorizar o condenado, mas deixar patente uma advertência ao povo e dar uma lição exemplar para aqueles que se atrevessem a desafiar a lei de Deus. Torturas de todo tipo, estrangulamento, fogueira, todos os métodos eram permitidos para defender a verdadeira religião, o cristianismo, única que poderia conduzir à salvação eterna. Em nome de Deus foram praticadas as maiores crueldades, impondo a lei do medo, da opressão, que levavam a perseguições e à erradicação de todo cidadão que fosse considerado nefasto à religião.

Com o crescente poderio do cristianismo, este se autodefiniu como superior ao poder temporal dos príncipes e reis. O Estado devia obediência ao papado, uma vez que o Pontífice de Roma era o representante de Deus na terra. Essa visão medieval do direito divino sobre o mundo teve um de seus momentos mais marcantes com o papa Bonifácio VIII (1235-1303) que, com sua bula "Unam sanctam", afirmava categoricamente que o papa detinha o poder das duas espadas: a espada espiritual, como missão divina, e a espada temporal, que devia estar obrigatoriamente sujeita à espada espiritual. Em outras palavras, detentor do poder espiritual, o papa tinha ascendência também sobre o poder temporal e, em decorrência, reis e príncipes deveriam dobrar-se às ordens do papado. Felipe, o Belo, rei da França, revoltou-se contra essa ingerência e enviou um grupo de asseclas para prender o papa em Roma e levá-lo preso a Paris, a fim de ser julgado. O pontífice chegou a ser preso, mas foi libertado pelos cidadãos fiéis a ele. Mas, abatido por essa humilhação pública, Bonifácio faleceu um mês depois do ocorrido.

Apesar desse ato de rebeldia do rei da França, o poder da Inquisição continuou a proceder a "caça às bruxas", a torturar, a julgar sumariamente, a condenar à pena de morte, executada pelas formas mais cruéis, como fogueira, afogamento, soterramento, enforcamento. Havia a aplicação também de outras penas, como o confisco dos bens, a mutilação, o açoitamento, a tortura para obter confissão, além de penas infamantes, por meio das quais o acusado era exposto em praça pública para escárnio de todos.

O Direito penal medieval difundia na sociedade a incerteza, a insegurança, o medo. O juiz, fosse religioso ou a serviço da Igreja, tinha plenos poderes, podendo aplicar qualquer pena a seu critério, fosse proporcional ou não ao delito – e geralmente era desproporcional. Ele era a lei. Ele criava a lei. Era o regime do terror.

Cumpre salientar que a tortura não era uma pena em si, mas um método utilizado para obter provas ou a confissão do acusado. Realmente, não havia a preocupação alguma com a dignidade da pessoa humana, com uma possível legalidade; o que contava era a lei suprema de Deus, a lei do arbítrio.

Essa mácula no Direito penal da Idade Média, para não dizer do cristianismo, persiste até os séculos XV-XVI, época do Renascimento. Aos poucos, a valorização do ser humano, da dignidade do homem como cidadão do mundo, a nova visão da sociedade, o cisma do cristianismo com a Reforma, promovem profundas mudanças e relegam ao passado os conceitos e princípios rígidos e unilaterais do período medieval.

Apesar disso, o Direito penal ainda sofre as consequências desses longos séculos de arbitrariedades até meados do século XVIII. É o Iluminismo que promove e difunde uma nova visão do mundo, do ser humano, da sociedade, da religião, da liberdade como valor supremo para todo homem. E é Beccaria que, à luz desses novos conceitos, promove a reforma do Direito penal até então vigente.

O DIREITO PENAL NA VISÃO DE BECCARIA

Um homem iluminado e corajoso

Em seu livro "Dos delitos e das penas", Cesare Beccaria se insurge contra o Direito penal vigente na época, pautado pela arbitrariedade e pelo total desrespeito pela dignidade do ser humano. Insurge-se contra as atrocidades cometidas na aplicação de penas sem critério e sem qualquer princípio de justiça, invocando sempre a justiça divina que, a todo custo, quer e se empenha em erradicar o pecado.

Beccaria invoca a legalidade da pena, a igualdade da pena, a proporcionalidade da pena com relação ao delito e a moderação da pena aplicada. Esses são os pontos essenciais e marcantes de sua obra que teve imenso sucesso em toda a Europa e que o transformou na figura central do Direito penal moderno.

Com a ideia da legalidade da pena, o autor mostrava que uma punição só poderia ser aplicada se fosse prevista em lei, conferindo a todo processo judicial clareza e segurança nos passos a seguir.

Ao defender a igualdade da pena, clamava pelo princípio da aplicação de punição igual a todo delito semelhante, cometido por quem quer que fosse, pobre ou rico, nobre ou plebeu, civil ou militar ou religioso.

Ao propugnar pela proporcionalidade da pena, tinha o objetivo de fazer com que delitos semelhantes mas com agravantes ou atenuantes recebessem penas diferenciadas.

E ao defender a moderação da pena, pretendia conferir ao Direito penal mais humanidade, mais sensatez, privilegiando a oportunidade de recuperação do criminoso e de sua reinserção na sociedade.

O livro de Beccaria se posiciona contra a tradição jurídica medieval, invoca a razão e a humanidade, protesta contra os julgamentos secretos, contra o juramento imposto aos acusados, contra a tortura, contra as penas infamantes, contra a confiscação, contra a desigualdade dos castigos infligidos, contra os processos secretos, contra a atrocidade dos suplícios, exige a supremacia da justiça humana contra os delitos e relega à justiça eclesiástica, delegada da justiça divina, o que esta considera pecado, condena o direito de vingança e confere à pena e ao direito de punir uma utilidade social. Além disso, declara a pena de morte inútil e a tortura uma aberração inaceitável.

Ao mesmo tempo em que defende o direito de punir, Beccaria se levanta em favor da humanização do processo penal, exige a secularização do direito de aplicar penas aos delitos cometidos, invocando para tanto o poder único e soberano do Estado.

Os princípios filosóficos da obra de Beccaria

Desde a época de estudante, Cesare Beccaria se interessou pelos filósofos iluministas e ficou impressionado com as novas ideias propostas por vários deles, de modo particular, com o discurso de Helvétius, Condillac, Montesquieu e Rousseau. Partindo da teoria exposta na obra *Contrato social* de Rousseau, que funda substancialmente a sociedade sobre um contrato social firmado para salvaguardar os direitos dos indivíduos, garantindo a ordem e a harmonia social, Beccaria definiu o delito de maneira leiga, comouma violação do contrato e não como ofensa à lei divina; esta ofensa à divindade pertenceria, na verdade, à consciência de cada pessoa e não à esfera pública. Em decorrência disso, a sociedade gozava de um direito de autodefesa, a ser exercitado em medida proporcional ao delito cometido. Este figuraria depois como o princípio basilar da proporcionalidade da pena no pensamento desse criminalista e filósofo milanês. O segundo princípio extraído do *Contrato social* afirmava que nenhum homem pode dispor da vida do outro, o que levaria o autor de *Dos delitos e das penas* a propugnar pela abolição da pena de morte.

O texto de Beccaria assevera que a pena de morte não impede os crimes, como tampouco é eficaz como exemplo de dissuasão para os outros. O mesmo vale, segundo ele, para a tortura, que é uma punição injusta e cruel, além de não servir para descobrir o que quer que seja, visto que fornece geralmente confissões duvidosas.

Ele se bate pela prevenção dos delitos, que é favorecida

muito mais pela certeza do que pela severidade da pena. O extremado rigorismo na atribuição da pena nem sequer de exemplo serve para os outros. Uma condenação à prisão perpétua, por exemplo, é pior que a condenação à morte, porquanto não surte os mesmos efeitos de uma pena côngrua e condizente com o delito cometido. O verdadeiro freio da criminalidade não é a crueldade das penas, mas a certeza de que o culpado será punido, mesmo que o seja com uma pena mais brande, mas certa e inevitável.

Defende ainda o princípio do valor reeducativo da pena, o que permitiria a reinserção do delinquente na comunidade ou na sociedade. A simples privação da liberdade e o encerramento do delinquente num cárcere nem sempre modificam o comportamento do preso. Torna-se necessário um acompanhamento do preso e um tratamento como cidadão e como pessoa, como ser humano. A respeito, afirmava que "não há liberdade toda vez que as leis permitem que, em certas circunstâncias, o homem cesse de ser pessoa para tornar-se coisa". Em tal caso, não há sistema prisional e não há pena, por mais severa e cruel que seja, que possa trazer frutos para a sociedade que, em princípio, tem o dever de recuperar seus cidadãos e não simplesmente condená-los de uma vez por todas.

Breve análise da obra de Beccaria

"*Dei delitti e delle pene*" (Dos delitos e das penas) é certamente o texto mais conhecido do Iluminismo italiano e provavelmente o mais marcante. Ao abordar a questão da justiça, seu autor interferia obrigatoriamente na política da época e na sociedade, bem como na relação entre sociedade e bem-estar. Nesse sentido, Beccaria punha em discussão todo o comportamento político dos vários Estados em torno da questão judicial e, por tabela, punha em discussão o próprio alcance do Estado em sua expressão máxima, ou seja, como garante da liberdade e da vida dos próprios cidadãos.

Dos delitos e das penas tem por objetivo principal demonstrar o absurdo e a carência de fundamentação do sistema jurídico vigente na época. Beccaria o descreve, com todas as letras, como um sistema repressivo, baseado em injustificados rituais de violência, sem qualquer referência com as premissas mínimas do Direito. Em vez de estar a serviço da justiça, o sistema judiciário se revela como um monstruoso mecanismo de poder e de opressão, refletindo a injustiça que caracteriza toda a sociedade que o professa. Afirma ainda que não é o bem-estar dos cidadãos, mas o sofrimento da maioria deles, configurando-se, portanto, como uma estrutura judiciária totalmente irracional.

Ergue-se contra a pena de morte, considerada por ele como o ápice da incivilidade, ministrada pelo próprio Estado que, desse modo, se mostra insensível e opressor ao extremo contra seus próprios súditos ou cidadãos. De igual modo, condena a tortura que, na maioria das vezes, se revela inútil quando não contraproducente, mas de qualquer modo bárbara e insustentável. Por meio de sua prática não se chega geralmente à verdade, mas a confissões pouco confiáveis e duvidosas.

Ainda sobre a tortura, prática usada para que o suspeito fale, julga-a como método horrendo, porquanto, se o dever da justiça é punir aquele que comete uma injustiça, a tortura faz exatamente o contrário, porque atinge tanto os culpados como os inocentes. Estes últimos acabam confessando, por medo e terror, crimes que jamais cometeram, tanto para dar um fim aos suplícios a que são submetidos. Além do mais, quem ganha mais com a tortura? Certamente o culpado, pois, se este não fala e não confessa após uma sessão de tortura, acaba sendo declarado inocente; ao passo que o inocente, se for absolvido depois da tortura, já sofreu injustiça ao ser submetido a essa ignominiosa prática.

A condenação da pena capital, expressa por Beccaria, recorre a argumentos simples. Primeiramente, o Estado é forte e, se sentir ameaçado, pode fazê-lo. Mas a pena tem como princípio a correção do delinquente. Como poderá melhorar e redimir-se, se o Estado o elimina? Beccaria afirma que a pena de morte não é legítima. Argumenta, em primeiro lugar, que essa prática ofende o direito que emana do contrato social, estipulado para garantir a segurança dos indivíduos contraentes e não para privá-los da vida. Em segundo lugar, a pena capital é contrária ao direito natural, segundo o qual o homem não tem o direito de tirar sua própria vida e, portanto, não pode transferi-lo para outros. Se a pena de pena não constitui um direito, Beccaria afirma a seguir que ela não é necessária, porque, não subsiste necessidade dela onde subsiste ordem política e segurança social; além disso, a pena capital não exerce nenhuma função de dissuasão para que novos delitos sejam cometidos.

Aproximativamente o mesmo valeria para a prisão perpétua. Que correção se pode esperar de um indivíduo que está ciente de que ficará encarcerado para sempre?

O pensamento de Beccaria é claro. O delito deve ser punido. É um dever do Estado fazê-lo. Mas deve seguir as leis que ele próprio exara. O importante é que o culpado saiba que deve cumprir a pena, por mínima que seja. Que saiba que não ficará livre de punição em razão do ato ilegal perpetrado. Se a pena é mínima, mas o culpado sabe que deverá forçosamente cumpri-la, então se cuidará para não infringir mais a lei. Por essa razão, as penas devem ser aplicadas sempre, fato que necessariamente reforça as leis. Caso contrário, o cidadão correto, ao ver os transgressores não serem punidos, perde ele próprio o respeito pela lei, quando não se predispuser a transgredi-la também. Em tal caso, a lei é letra morta, ineficiente, desprezível e o cidadão se sentirá logrado pelo Estado que emana essa lei e que deveria ser o guardião dela.

A solução final está nas mãos do Estado. Este pode impor qualquer pena, sempre proporcional ao delito, mas deve garantir sua aplicação.

Embora as críticas de Beccaria sejam severas e contundentes, ele também apresenta soluções para uma nova ordenação jurídica no tocante ao Direito penal. No decorrer de seu livro apresenta propostas para uma nova dimensão judiciária. Ele parte do princípio, que pode parecer radical, de que o Estado não tem o direito punir aqueles delitos cometidos que, para evitá-los, nada fez. A verdadeira justiça consiste em impedir os delitos e não em infligir simplesmente a pena, qualquer que seja ela.

E Beccaria parte para outro postulado, inteiramente novo e inaudito para a época, o da responsabilidade social dos delitos cometidos. Seguindo as pegadas do *Contrato social* de Rousseau, introduz com isso um conceito jamais ouvido na justiça, ou seja, os verdadeiros deveres do Estado para com o cidadão, bem como a corresponsabilidade social nas relações entre sociedade em geral e indivíduo em particular. Seguindo essa linha de pensamento, Beccaria propõe punições que não reflitam vingança, mas que representem compensação, ressarcimento, tanto do indivíduo perante a comunidade como desta para com o criminoso. Em decorrência desse postulado, as penas devem ser socialmente úteis e brandas, direcionadas para a recuperação do culpado e não exclusivamente para a repressão.

Outro ponto ressaltado por Beccaria é que as leis devem ser, acima de tudo, claras e acessíveis a todos. Isso significa que deveriam estar escritas na língua falada pelos cidadãos e não impressas, como era costume, em língua latina, que já a maioria absoluta da população não entendia. Por outro lado, a acusação e o processo devem ser públicos, separando necessariamente juiz e promotor, intervindo ainda o júri. O processo deve ser conduzido com transparência, com provas e contraprovas, para definir se o acusado é culpado ou inocente. Um homem, afirma ele, cujos delitos não foram provados deve ser considerado inocente.

Outro elemento discutido por Beccaria em seu livro merece ser destacado. Trata-se da distinção entre crime e pecado. O crime, segundo ele, responde a um sistema de leis livremente concordado entre os homens, entre os membros de uma sociedade regida por contrato. O delito, portanto, deve ser definido e classificado sob uma ótica leiga e terrena, histórica e imanente. Com esse posicionamento Beccaria refuta categoricamente a identificação tradicional entre direito divino e direito natural. Refuta, portanto, todo o sistema judicial medieval que tantos males trouxe para a sociedade ocidental, males que tinham nomes como opressão, tortura, pena de morte, suplícios com requintes de crueldade e de brutalidade. Na maioria das vezes, em nome de Deus, em nome da religião. Urgia, portanto, a secularização da justiça, a eliminação do "querer" divino na aplicação das penas. Em última análise, Beccaria invocava a valorização do ser humano e a eliminação da divindade ou do nome de Deus dos atos arbitrários perpetrados pelos detentores do poder.

Pontos marcantes da obra de Beccaria

Dos delitos e das penas, considerado o livro que abriu caminho para a reformulação e modernização do Direito penal, mostra claramente os pontos essenciais a alterar radical e profundamente. E isso, não só para mudar o sistema penal vigente no século XVIII, mas também para modificar a mentalidade das pessoas, da sociedade, dos governantes e, acima de tudo, dos juízes e magistrados.

Esses pontos podem ser resumidos nos seguintes:

1.- Vive-se o período áureo do Iluminismo, da liberdade de pensar e de escrever, da revolução dos costumes, da liberdade de crer ou de descrer, da nova visão da dignidade do homem; consequentemente, nada mais justo e oportuno que pensar em reformular um sistema judicial arcaico e retrogrado, eivado de vícios e de entulhos medievais.

2.- O direito de punir não pode ser discutido, mas deve ser questionada a forma de aplicá-lo, deve-se ter presente e estabelecer as verdadeiras relações existentes entre o que é justo e o que é injusto. Para tanto, é essencial considerar não somente a materialidade e a atualidade da lei, mas exigir que essa lei seja condizente e congruente com a nova realidade que a sociedade vive.

3.- Torna-se evidente e óbvio que é necessário secularizar o direito de punir, ou seja, separar os conceitos de crime e pecado. O divino não deve interferir no humano em questões de justiça. Em outras palavras, ao espiritual que pense a religião, mas ao material que pense o Estado, a comunidade ou a coletividade humana.

4.- É de suma importância humanizar os processos judiciais em todos os seus quesitos e em todo o seu percurso. Escolher com isenção testemunhas, produzir provas com discrição, justeza e exatidão, abolir inteiramente a ignominiosa tortura e eliminar definitivamente da sociedade civilizada a pena de morte. Saber respeitar a proporcionalidade entre delito e punição ou pena, saber moderar as penas, entender o real significado e a verdadeira finalidade dos castigos infligidos aos culpados.

5.- Que o Estado se preocupe mais em prevenir o crime do que em remediá-lo. Que use todos os meios para ser justo e equitativo, mas ao mesmo tempo alerta e pronto a intervir, sem esquecer que sua função principal é dar segurança e tranquilidade para seus cidadãos.

*Textos
selecionados
da obra*
"*Dos delitos e das penas*"

Origem das penas

As leis foram as condições por causa das quais, homens independentes e isolados, se uniram em sociedade, cansados de viver num contínuo estado de guerra e de desfrutar de uma liberdade que a incerteza de conservá-la tornava inútil. Sacrificaram uma parte dela para desfrutar do restante com segurança e tranqüilidade. A soma de todas essas porções de liberdade, sacrificadas para o bem de todos, forma a soberania de uma nação e o soberano é o legítimo depositário e administrador delas; não bastava, porém, formar esse depósito, era necessário defendê-lo das usurpações privadas de cada homem em particular, o qual procura sempre tirar desse depósito não somente a própria porção, mas usurpar também a dos outros.

Eram necessários meios sensíveis que fossem suficientes para dissuadir o ânimo despótico de todo homem a voltar a mergulhar no antigo caos as leis da sociedade. Esses meios sensíveis são as penas estabelecidas contra os infratores das leis.

Digo *meios sensíveis*, porque a experiência fez ver quanto a maioria está longe de adotar princípios estáveis de conduta, como também não se afasta daquele princípio universal de dissolução, observado no universo físico e moral, a não ser com motivos que atingem imediatamente os sentidos e que se apresentam continuamente ao espírito para contrabalançar as fortes impressões das paixões parciais que se opõem ao bem universal: nem a eloqüência, nem os discursos, nem as mais sublimes verdades foram suficientes para refrear por muito tempo as paixões excitadas pelos fortes abalos dos objetos presentes (cap.I).

Direito de punir

Toda pena que não deriva da absoluta necessidade, diz o grande Montesquieu, é tirânica; proposição que pode ser tornada mais geral desse modo: todo ato de autoridade de homem para homem que não deriva da absoluta necessidade é tirânica. Aí está, portanto, sobre que está fundado o direito do soberano de punir os delitos: sobre a necessidade de defender o depósito da saúde pública das usurpações particulares; e mais justas são as penas, quanto mais sagrada e inviolável é a segurança e tanto maior é a liberdade que o soberano garante aos súditos. Consultemos o coração humano e nele vamos encontrar os princípios fundamentais do verdadeiro direito do soberano de punir os delitos, porquanto não se pode esperar nenhuma vantagem duradoura da política moral se essa não for fundada sobre os sentimentos indeléveis do homem. Qualquer lei que se desvie destes vai encontrar sempre uma resistência contrária que no final vence, da mesma maneira que uma força que, por mínima que seja, tenha sido aplicada continuamente acaba vencendo qualquer movimento violento transmitido a um corpo.

Nenhum homem fez dom gratuito de parte da própria liberdade em vista do bem público; esta quimera só existe nos romances; se fosse possível, cada um de nós haveria de querer que os pactos, que ligam os outros, não nos ligassem; todo homem se constitui centro de todas as combinações do globo.

A multiplicação do gênero humano, pequena por si mesma, mas muito superior aos meios que a estéril e abandonada natureza oferecia para satisfazer as necessidades que sempre se cruzavam entre si, reuniu os primeiros selvagens. As primeiras uniões formaram necessariamente as outras para resistir às primeiras e, desse modo, o estado de guerra se transferiu do indivíduo às nações.

Foi a necessidade, portanto, que obrigou os homens a ceder parte da própria liberdade: é certo, pois, que cada um não quer colocar no depósito público senão a mínima porção possível e somente aquele que for suficiente para induzir os outros a defendê-lo. O conjunto dessas mínimas porções possíveis forma o direito de punir; todo o excedente é abuso e não justiça, é fato, mas não direito. Observem que a palavra *direito* não contradiz a palavra *força*, mas a primeira é antes uma modificação da segunda, ou seja, a modificação mais útil para a maioria. E por justiça não entendo outra coisa senão o vínculo necessário para manter unidos os interesses particulares, os quais, sem esse, se dissolveriam no antigo estado de insociabilidade; todas as penas que ultrapassarem a necessidade de conservar esse vínculo são injustas por sua própria natureza. É necessário evitar de conectar à palavra *justiça* a idéia de alguma coisa de real, como uma força física ou um ser existente; essa palavra é uma simples maneira de conceber utilizada pelos homens, maneira que influi infinitamente na felicidade de todos. Não entendo com isso, de modo algum, aquela espécie de justiça que emana de Deus e que possui suas relações imediatas com as penas e recompensas da vida futura (cap. II).

Interpretação das leis

Quarta conseqüência. Nem mesmo a autoridade de interpretar as leis penas pode ser atribuída aos juízes criminais, pela razão mesma de que não são legisladores. Os juizes não receberam as leis de nossos antigos antepassados como uma tradição doméstica e como um testamento que deixasse aos descendentes apenas a missão de obedecer, mas as recebem da sociedade viva ou do soberano, que é representante dessa sociedade, como legítimo depositário do resultado atual da vontade de todos. Recebem-nas não como obrigações de um antigo juramento, nulo porque ligava vontades não existentes, iníquo porque reduzia os homens do estado de sociedade ao estado de rebanho, mas como efeitos de um juramente tácito ou expresso que as vontades reunidas dos súditos vivos fizeram ao soberano, como vínculos necessários para refrear e reger o fermento interno dos interesses particulares. Esta é a física e a autoridade real das leis. Quem será, portanto, o legítimo intérprete da lei? O soberano, ou seja, o depositário das vontades atuais de todos, ou o juiz, cuja função é unicamente examinar se tal homem cometeu ou não uma ação contrária às leis?

Em todo delito, o juiz deve fazer um silogismo perfeito: a premissa maior deve ser a lei geral; a menor, a ação conforme ou não à lei; a conseqüência, a liberdade ou a pena. Se o juiz for obrigado a fazer, ou quiser fazer, mesmo que sejam tão somente dois silogismos, abre-se a porta para a incerteza.

Nada mais perigoso do que o axioma comum de que se deve consultar o espírito da lei. Esse é um dique aberto para uma torrente de opiniões. Essa verdade, que parece um paradoxo aos espíritos vulgares que se impressionam mais fortemente com uma pequena desordem atual do que com conseqüências distantes, que surgem de um falso principio radicado numa nação, me parece demonstrada. Nossos conhecimentos e todas as nossas idéias têm uma recíproca conexão; quanto mais complicados, mais numerosos são os caminhos que a eles chegam e que deles partem. Cada homem tem seu ponto de vista, cada homem, em diferentes épocas, tem um diferente. O espírito da lei seria, portanto, o resultado de uma boa ou má lógica de um juiz, de uma digestão fácil ou penosa, dependeria da violência de suas paixões, da fraqueza de quem sofre, das relações do juiz com o ofendido e de todas aquelas mínimas forças que mudam as aparências de todo objeto no espírito inconstante do homem.

Vemos, pois, a sorte de um cidadão mudar com freqüência ao passar por diferentes tribunais e a vida dos infelizes tornando-se vítima dos falsos raciocínios ou do fermento momentâneo do humor de um juiz que toma como legítima interpretação o vago resultado de toda aquela confusa série de noções que se apresenta a seu espírito. Vemos, portanto, os mesmos delitos punidos diversamente, em diferentes tempos, pelo mesmo tribunal, porque, em vez de consultar a voz constante e invariável da lei, segue a enganadora instabilidade das interpretações.

Uma desordem, que se produz pelo rigoroso cumprimento da letra de uma lei penal, não deve ser comparada com as desordens que surgem da interpretação. Esse momentâneo inconveniente induz a promover a fácil e necessária correção das palavras da lei, causando incerteza, mas impedindo a fatal licença de raciocinar, da qual surgem as arbitrárias e venais controvérsias. Quando um código fixo de leis, que devem ser observadas segundo a letra, só confia ao magistrado a única incumbência de examinar as ações dos cidadãos e julgar se estas estão em acordo ou em desacordo com a lei escrita; quando a norma do justo e do injusto, que deve dirigir tanto as ações do cidadão ignorante como do cidadão filósofo, não é um motivo de controvérsia, mas simples questão de fato, então os súditos não serão submetidos às pequenas tiranias de muitos, tanto mais cruéis quanto menor é a distância entre o opressor e o oprimido, mais fatais que aquelas de um só, porque o despotismo de muitos só pode ser corrigido pelo despotismo de um só e a crueldade de um déspota é proporcional não à força, mas aos obstáculos. Desse modo, os cidadãos conquistam esse segurança de si próprios, que é justa, porque é a finalidade para a qual os homens vivem em sociedade, o que não deixa de ser útil porque os coloca na situação de calcular exatamente os inconvenientes de um delito. É verdade, também, que os cidadãos adquirirão um espírito de independência, mas não como aqueles que chegam a abalar as leis e a se tornar recalcitrantes contra os supremos magistrados, mas como aqueles que ousaram chamar com o sagrado nome de virtude a fraqueza de ceder às suas opiniões interesseiras ou caprichosas. Estes princípios deverão desagradar àqueles que se arvoraram no direito de transferir aos inferiores os golpes de tirania que receberam dos superiores. Tudo eu poderia temer, se o espírito de tirania estivesse propenso a se aliar ao espírito de leitura (cap. IV).

Proporcionalidade entre os delitos e as penas

O interesse comum não é somente que não se cometam crimes, mas que sejam mais raros na proporção do mal que acarretam para a sociedade. Mais incisivos devem ser, portanto, os obstáculos que induzam os homens a se afastarem dos delitos, uma vez que são contrários ao bem público, e a se afastarem dos impulsos que os levam aos delitos. Deve haver, pois, uma proporcionalidade entre os delitos e as penas.

É impossível prevenir todas as desordens no combate universal das paixões humanas. As desordens crescem na razão direta da população e do choque dos interesses particulares, que não é possível fazer convergir geometricamente para a utilidade pública. É necessário substituir a exatidão matemática pelo cálculo das probabilidades da aritmética política. Lançando um olhar na história, pode-se observar que as desordens crescem com a ampliação dos limites dos impérios e, diminuindo na mesma proporção o sentimento nacional, o impulso para os delitos cresce em razão do interesse que cada um tem nas próprias desordens: por esse motivo vai aumentando sempre mais a necessidade de agravar as penas.

Aquela força semelhante à gravidade, que nos impele para nosso bem-estar, só pode ser detida à medida dos obstáculos que lhe são opostos. Os efeitos dessa força são a confusa série das ações humanas: se estas se chocam entre si e se ofendem, as penas, que denomino *obstáculos políticos*, lhes impedem o mau efeito sem destruir sua causa instigante, que é a própria sensibilidade, inseparável do homem; e o legislador age como o hábil arquiteto, cuja função é a de opor-se às forças ruinosas da gravidade e a de fazer convergir aquelas que contribuem para a consolidação do edifício.

Em vista da necessidade da reunião dos homens, em vista dos pactos, que resultam necessariamente da própria oposição dos interesses privados, encontra-se uma escala de desordens, das quais o primeiro grau consiste daquelas que destroem de imediato a sociedade e o último, da mínima injustiça possível cometida contra os membros privados dessa sociedade. Entre esses extremos estão compreendidas todas as ações opostas ao bem público, que são chamadas delitos, e todas vão decrescendo, por graus insensíveis, do mais alto ao menor possível. Se a geometria fosse adaptável às infinitas e obscuras combinações das ações humanas, deveria haver uma escala correspondente de penas que descesse da mais rigorosa à mais branda: bastará, porém, ao sábio legislador assinalar seus pontos principais, sem subverter a ordem, não aplicando aos delitos de primeiro grau as penas do último. Se houvesse uma escala exata e universal das penas e dos delitos, teríamos uma provável medida comum dos graus de tirania e de liberdade, de uma base de humanidade ou de maldade das diversas nações.

Qualquer ação não compreendida entre esses dois limites mencionados não pode ser chamada *delito*, ou punida como tal, a não ser por aqueles têm interesse em designá-la desse modo. A incerteza desses limites produziu nas nações uma moral que entra em contradição com a legislação; produziu legislações mais modernas que se excluem reciprocamente; produziu uma multidão de leis que expõem o mais sábio às penas mais rigorosas e, contudo, tornou vagos e oscilantes os conceitos de *vício* e de *virtude*, conferindo incerteza à própria existência, que produz a letargia e o sono fatal nos corpos políticos. Quem ler com olhar filosófico os códigos das nações e seus anais encontrará quase sempre os designativos *vício* e *virtude, bom cidadão* ou *réu* mudar com as revoluções dos séculos, não em razão das mudanças que ocorrem no contexto dos países e, por conseguinte, sempre conformes ao interesse comum, mas em razão das paixões e dos erros que sucessivamente agitaram os diferentes legisladores. Poderá notar com freqüência que as paixões de um século são a base da moral dos séculos subseqüentes, que as paixões fortes, filhas do fanatismo e do entusiasmo, enfraquecidas e corroídas – ouso dizer assim – pelo tempo, que reconduz todos os fenômenos físicos e morais ao equilíbrio, se tornam aos poucos a prudência do século e o instrumento útil nas mãos do forte e perspicaz. Desse modo surgiram as noções extremamente obscuras de honra e virtude e tais são porque mudam com as revoluções do tempo que faz sobreviver os nomes das coisas, porque mudam com os rios e com as montanhas que são, com muita freqüência, os limites, não somente da geografia física, mas também da geografia moral.

Se o prazer e a dor são os motores dos seres sensíveis; se, entre os motivos que impelem os homens em suas ações mais sublimes, o invisível legislador destinou o prêmio e a pena, da inexata distribuição das penas surgirá a contradição, tão menos notória quanto freqüente, de que as leis terão de punir os crimes que fizeram nascer. Se uma pena igual é aplicada a dois delitos que de forma desigual ofendem a sociedade, os homens não verão obstáculo maior para cometer o delito mais grave, desde que a este se encontre unida uma vantagem maior (cap. VI).

Erros na medida das penas

As precedentes reflexões me dão o direito de afirmar que a única e verdadeira medida dos delitos é o dano causado à nação; por essa razão erraram aqueles que acreditaram que a verdadeira medida dos delitos é a intenção de quem os comete. Esta depende da impressão atual dos objetos e da precedente disposição da mente: estas variam em todos os homens e em cada homem com a extremamente veloz sucessão das idéias, das paixões e das circunstâncias. Seria, pois, necessário formar não somente um código particular para cada cidadão, mas uma nova lei para cada delito. Às vezes os homens, com a melhor das intenções, causam o maior dano à sociedade; e outras vezes, com a mais evidente má vontade, lhe causam o maior bem.

Há outros que medem os delitos mais com relação à dignidade da pessoa ofendida do que pela importância deles com relação ao bem público. Se esta fosse a verdadeira medida dos delitos, uma irreverência para com o ser dos seres deveria ser punida mais atrozmente que o assassinato de um monarca, uma vez que, determinada a superioridade da natureza, há uma diferença insuperável entre a gravidade da ofensa ao primeiro e a violência cometida em detrimento do segundo.

Finalmente, alguns chegaram a pensar que a gravidade do pecado fizesse parte da medida dos delitos. A falácia dessa opinião salta aos olhos a um examinador isento das verdadeiras relações entre homens e homens e entre homens e Deus. As primeiras são relações de igualdade. Unicamente a necessidade fez nascer, do choque das paixões e das oposições dos interesses particulares, a idéia da *utilidade comum*, que é a base da justiça humana; as outras, são relações de dependência de um ser perfeito e criador, que se reservou somente a si próprio o direito de ser ao mesmo tempo legislador e juiz, porque somente ele pode sê-lo sem inconveniente. Se estabeleceu penas eternas para aquele que desobedecer à sua onipotência, qual será o inseto que vai ousar suprir a justiça divina, que vai querer vingar o ser que se basta a si mesmo, que não pode receber dos objetos impressão alguma de prazer ou de dor, e que, único entre todos os seres, age sem reação? A gravidade do pecado depende da imperscrutável maldade do coração. Esta não é dada a conhecer a seres finitos sem revelação. Como, pois, se poderia desta auferir normas para punir os delitos? Caso fosse possível, os homens poderiam punir quando Deus perdoa e perdoar quando Deus pune. Se os homens podem estar em contradição com o onipotente ao ofendê-lo, podem estar também ao punir (cap. VII).

Divisão dos delitos

Vimos qual é a verdadeira medida dos delitos, ou seja, *o dano que causam à sociedade*. Esta é uma das verdades palpáveis que, embora não tenham necessidade de quadrantes nem de telescópios para serem descobertas, mas estejam ao alcance de todo intelecto, mesmo inferior, por meio de uma maravilhosa combinação de circunstâncias, porém, não são conhecidas com total segurança a não ser por alguns poucos pensadores, homens de toda nação e de todas as épocas. Mas as opiniões asiáticas, mas as paixões disfarçadas de autoridade e de poder, na maioria das vezes por meio de insensível pressão, poucas vezes por meio de violentas impressões sobre a tímida credulidade dos homens, dissiparam as noções simples que, talvez, formavam a primeira filosofia das sociedades nascentes e para as quais as luzes deste século parecem nos reconduzir; podem realmente nos reconduzir a elas, mas com aquela firmeza mais consistente que pode aparecer mediante um exame geométrico, mediante mil experiências funestas e mediante os próprios obstáculos. Ora, a ordem nos conduziria a examinar e distinguir todas as diferentes espécies de delitos e a maneira de puni-los, se a natureza variável destes, em vista das diversas circunstâncias dos séculos e dos locais, não nos obrigassem a um detalhamento imenso e aborrecedor. Será suficiente indicar os princípios mais gerais e os erros mais funestos e comuns para desenganar desse modo aqueles que, por um mal entendido amor de liberdade, quisessem introduzir a anarquia, como aqueles que gostariam de reduzir os homens a uma regularidade claustral.

Alguns delitos destroem imediatamente a sociedade ou quem a representa; outros atingem a segurança privada de um cidadão em sua vida, nos bens ou na honra; outros ainda são ações contrárias ao que cada um é obrigado a cumprir ou não, por causa das leis, em vista do bem público. Os primeiros, que constituem os maiores delitos, porque mais danosos, são designados de lesa-majestade. Somente a tirania e a ignorância, que confundem os vocábulos e as idéias mais claras, podem conferir este nome e, por conseguinte, aplicar a pena máxima a delitos de natureza diferente e, desse modo, tornar os homens, como em mil outras ocasiões, vítimas de uma palavra. Todo delito, embora privado, ofende a sociedade, mas todo delito não tenta sua imediata destruição. As ações morais, como as físicas, têm sua esfera de atividades limitada e são diversamente circunscritas, como todos os movimentos de natureza do tempo e do espaço; e, no entanto, somente a interpretação fraudulenta, que é geralmente a filosofia da escravidão, pode confundir o que foi diferenciado com imutáveis relações pela verdade eterna.

Depois desses, seguem-se os delitos contrários à segurança de cada cidadão em particular. Uma vez que este é um dos fins primários de toda associação legítima, não há como não ser aplicada à violação do direito de segurança, conquistado por cada cidadão, uma das penas mais rigorosas estabelecida pelas leis.

Cada cidadão pode fazer tudo o que não é contrário às leis, sem temer outro inconveniente além daquele que pode resultar da própria ação. Este é o dogma político que deveria ser gravado no espírito dos povos e proclamado pelos magistrados supremos juntamente com a proteção incorrupta das leis. Dogma sagrado, sem o qual não pode haver sociedade legítima, porque é a justa recompensa do sacrifício que os homens fizeram daquela ação universal sobre todas as coisas, que é comum a todo ser sensível, e limitada somente pelas próprias forças.

Essa opinião é que torna as almas livres e vigorosas e as mentes esclarecidas, que torna os homens virtuosos, mas com aquela virtude, que sabe resistir ao temor, e não com aquela prudência transigente, digna somente de quem se dispõe a suportar uma existência precária e incerta. Os atentados, portanto, contra a segurança e a liberdade dos cidadãos são os maiores delitos e, nessa classe, se incluem não somente os assassinatos e os furtos dos homens do povo simples, mas também aqueles dos grandes e dos magistrados, cuja influência tem maior alcance e age com maior vigor, destruindo nos súditos as idéias de justiça e de dever, substituindo-as por aquela do direito do mais forte, igualmente perigoso para quem o exerce e para quem o sofre (cap. VIII).

Da tranquilidade pública

Finalmente, entre os delitos da terceira espécie estão aqueles que perturbam particularmente a tranqüilidade pública e a paz dos cidadãos, como os rumores intensos e os tumultos nas vias públicas destinadas ao comércio e à passagem dos cidadãos, bem como os discursos fanáticos que excitam facilmente as paixões da população curiosa, paixões que se fortalecem com a assídua freqüência de ouvintes e mais ainda com o obscuro e misterioso entusiasmo do que com a clara e tranqüila razão, a qual nunca age numa grande massa de homens.

Iluminar a noite a expensas públicas, distribuir guardas nos diversos bairros das cidades, reservar ao silêncio e à tranqüilidade sagrada dos templos, protegidos pelo governo, os discursos simples e morais, destinar aos parlamentos ou ao local onde resida a majestade do soberano os discursos destinados a sustentar os interesses particulares e públicos às assembléias da nação, esses todos são meios eficazes para prevenir a perigosa concentração das paixões populares. Esses meios formam o setor principal da vigilância do magistrado, que os franceses chamam de *polícia*; mas se esse magistrado agisse com leis arbitrárias e não estabelecidas por um código que esteja ao alcance de todos os cidadãos, abre uma porta para a tirania que sempre circunda todos os confins da liberdade política.

Não encontro exceção alguma a este axioma geral: todo cidadão deve saber quando é réu e quando é inocente. Se os censores, e em geral os magistrados arbitrários, são necessários em qualquer governo, isso se origina da debilidade de sua constituição e não da natureza de um governo bem organizado. A incerteza da própria sorte sacrificou mais vítimas à obscura tirania do que a pública e solene crueldade. Esta ultima revolta, mas não avilta os ânimos. O verdadeiro tirano começa sempre reinando sobre a opinião, que impede a coragem; esta só pode resplandecer na clara luz da verdade ou no fogo das paixões ou ainda na ignorância do perigo.

Mas quais serão as penas convenientes para esses delitos? A morte é uma pena verdadeiramente *útil* e *necessária* para a segurança e para a boa ordem da sociedade? A tortura e os tormentos são *justos* e obtêm *a finalidade* a que se propõem as leis? Qual é a melhor maneira para impedir os delitos? As mesmas penas são igualmente úteis em todos os tempos? Que influência têm elas sobre os costumes? Estes problemas merecem ser resolvidos com aquela precisão geométrica a que a névoa dos sofismas, a sedutora eloqüência e a tímida dúvida não podem resistir. Se eu não tivesse outro mérito a não ser o de ter sido o primeiro a apresentar o problema na Itália, com alguma evidência maior do que outras nações ousaram escrever e começam a praticar, me sentiria feliz; mas se, ao sustentar os direitos dos homens e a invencível verdade, contribuísse a arrancar da angústia e do terror da morte alguma vítima desafortunada da tirania ou da ignorância, igualmente fatal, as bênçãos e as lágrimas até de um único inocente em transportes de alegria me confortariam, mesmo que fosse desprezado pelos homens (cap. XI).

Finalidade das penas

Da simples consideração das verdades até aqui expostas, é evidente que a finalidade das penas não é atormentar e afligir um ser sensível nem desfazer um delito já cometido. Num corpo político que, longe de agir por paixão, é o tranqüilo moderador das paixões particulares, pode alojar essa inútil crueldade, instrumento do furor e do fanatismo ou dos tiranos fracos? Os gritos de um infeliz evocam talvez do tempo que não retorna as ações já consumadas? A finalidade, portanto, não é outra coisa senão impedir o réu a causar novos danos a seus cidadãos e demover os demais a causar outros semelhantes. As penas e o método de infligi-las deve ser, pois, pré-estabelecido, o qual, mantidas as proporções, deverá causar uma impressão mais eficaz e mais duradoura no ânimo dos homens, bem como a menos dolorosa possível no corpo do réu (cap. XII).

Acusações secretas

As acusações secretas são abusos evidentes, mas consagrados, e considerados necessários em muitas nações por causa da fraqueza de sua constituição. Tal uso torna os homens falsos e simulados. Qualquer um que possa suspeitar ver no outro um delator, logo vê nele um inimigo. Os homens se habituam então a mascarar os próprios sentimentos e, com o costume de ocultá-los a outrem, chegam finalmente a ocultá-los de si próprios.

Infelizes os homens que chegaram a esse ponto! Sem princípios claros e estáveis que os guiem, vagam perdidos e flutuando no vasto mar da incerteza, sempre preocupados em salvar-se dos monstros que os ameaçam; passam o momento presente sempre amargurados pela incerteza do futuro; privados dos duradouros prazeres da tranqüilidade e da segurança, apenas uns poucos, dispersos aqui e acolá em sua triste vida, devorados pela pressa e pela desordem, conseguem consolar-se por terem vivido. Será entre esses homens que vamos encontrar soldados intrépidos, defensores da pátria ou do trono? E entre esses, será que vamos encontrar os incorruptíveis magistrados que, com livre e patriótica eloqüência, saibam sustentar e desenvolver os verdadeiros interesses do soberano, que depositem ao pé do trono, juntamente com os tributos, o amor e as bênçãos de todas as classes dos cidadãos, e com isso levem aos palácios e às cabanas a paz, a segurança e a industriosa esperança de melhorar a sorte, fermento útil e vida para todas as classes sociais?

Quem poderá defender-se da calúnia quando estiver armada com o mais sólido escudo da tirania, o *segredo*? Que tipo de governo seria aquele em que o soberano suspeita ver em cada súdito um inimigo e se vê obrigado, para garantir a tranqüilidade pública, a tirar aquela de cada cidadão?

Quais são os motivos por meio dos quais são justificadas as acusações e as penas secretas? O bem-estar público, a segurança e a manutenção da forma de governo? Que estranha constituição é essa em que o governo, que tem para si a força e a opinião, ainda mais eficaz que a força, teme assim mesmo cada cidadão? Teme a incolumidade do acusador? As leis são, então, insuficientes para defendê-lo. E haverá súditos mais poderosos que o soberano! Teme a infâmia do delator? Seria, então, confessar que é autorizada a calúnia secreta, mas que calúnia pública é punida. A natureza do delito? Se atos indiferentes, até mesmo os úteis ao público, são chamados delitos, as acusações e os julgamentos, nesse caso, jamais seriam bastante secretos. Pode haver delitos, isto é, ofensas públicas, que não seja do interesse ao mesmo tempo de todos tornar pública a punição exemplar, ou seja, o julgamento? Respeito todos os governos e não falo de nenhum em particular; tal é por vezes a natureza das circunstâncias que se pode pensar na ruína total da nação quando se decide extirpar um mal que seja inerente a seu sistema; mas, se eu tivesse de ditar novas leis em algum canto isolado do universo, antes de autorizar semelhante ato, minhas mãos haveriam de tremer e veria toda a posteridade diante de meus olhos.

Já foi dito por Montesquieu: as acusações públicas são mais conformes ao governo republicano, no qual o bem geral público deveria ser a primeira paixão dos cidadãos, do que na monarquia, em que esse sentimento é muito fraco, pela própria natureza do governo, em que é ótimo negócio nomear magistrados que, em nome do público, acusam os infratores das leis. Mas todo governo, tanto republicano como monárquico, deve infligir ao caluniador a pena que caberia ao acusado (cap. XV).

Da tortura

Uma crueldade consagrada pelo costume na maioria das nações é a tortura do acusado enquanto se monta o processo, seja para obrigá-lo a confessar um delito, seja por causa das contradições em que incorre, seja ainda para descobrir os cúmplices ou mesmo por não sei qual metafísica e incompreensível expiação de infâmia ou, finalmente, por causa de outros delitos dos quais poderia ser culpado, mas dos quais não é acusado.

Um homem não pode ser considerado *réu* antes da sentença do juiz, nem a sociedade pode lhe retirar a proteção pública, a não ser depois que for provado que ele violou os pactos pelos quais essa proteção lhe havia sido concedida. Unicamente o direito da força, portanto, pode autorizar um juiz a infligir uma pena a um cidadão quando ainda se duvida se ele é inocente ou culpado. Este dilema não é novo: ou o delito é certo, ou é incerto; se for certo, só deve ser punido com a pena fixada pelas leis, e a tortura é inútil, porque a confissão do réu é inútil; se for incerto, não se deve, portanto, torturar um inocente, porque este, segundo as leis, é um homem cujos prováveis delitos não foram provados. Mas permito-me acrescentar ainda que é querer confundir todas as relações exigir que um homem seja ao mesmo tempo acusador e acusado, que a dor se torne o cadinho da verdade, como se o critério desta residisse nos músculos e nas fibras de um infeliz. Esse é o meio seguro de absolver os celerados robustos e condenar os fracos inocentes. Esses são os inconvenientes fatais desse pretenso critério de verdade, mas critério digno de um canibal, que os romanos, bárbaros também eles sob variados aspectos, reservavam unicamente aos escravos, vítimas de uma feroz e demasiado elogiada força.

Qual é a finalidade política das penas? O terror dos demais homens. Mas que se deve pensar das torturas secretas e privadas que a tirania emprega contra os culpados e os inocentes? É importante que todo delito conhecido não fique impune, mas nem sempre é útil descobrir o autor de um delito encoberto nas trevas da incerteza. Um crime já cometido, para o qual já não há remédio, só pode ser punido pela sociedade política quando exerce influência sobre os outros pela esperança da impunidade.

Se é verdade que é maior o número de homens que respeita as leis por temor ou por virtude do que aqueles que as infringem, o risco de torturar um inocente deve ser tanto mais sopesado quanto maior é a probabilidade que um homem de semelhantes características tenha antes respeitado que violado as leis.

Outro motivo ridículo da tortura é que ela serve para a expiação da infâmia, ou seja, que um homem julgado infame pelas leis deve confirmar sua confissão com o deslocamento de seus ossos. Esse abuso não deveria ser tolerado no século XVIII. Acredita-se que a dor, que é uma sensação, expie a infâmia, que é uma simples relação moral. Seria a dor um cadinho de purificação? E a infâmia seria talvez um corpo misto impuro? Não é difícil remontar às origens dessa lei ridícula, porque os próprios absurdos que são adotados por uma nação inteira sempre têm alguma relação com outras idéias comuns e respeitadas pela própria nação. Parece que esse hábito foi tomado das idéias religiosas e espirituais, que tanta influência têm sobre os pensamentos dos homens, sobre as nações, no decorrer dos séculos. Um dogma infalível nos assegura que as nódoas contraídas pela fraqueza humana, e que não mereceram a ira eterna do grande Ser, devam ser expiadas por meio de um fogo incompreensível; ora, a infâmia é uma mancha civil, e como a dor e o fogo eliminam as máculas espirituais e incorpóreas, por que os estertores da tortura não haveriam de eliminar a mácula civil, ou seja, a infâmia? Creio que a confissão do réu, que em alguns tribunais é exigida como essencial para a condenação, tenha uma origem não diferente, porque no misterioso tribunal de penitência a confissão dos pecados é parte essencial do sacramento. Aí está como os homens abusam das luzes mais seguras da revelação; e como estas são as únicas que subsistem em épocas de ignorância, a elas recorre a dócil humanidade em qualquer ocasião e faz delas as mais absurdas e incoerentes aplicações. Mas a infâmia é um sentimento que não está sujeito às leis nem à razão, mas à opinião comum. A própria tortura causa uma infâmia real a quem é vítima dela. Portanto, com esse método se procura eliminar a infâmia com a própria infâmia.

Um terceiro motivo é a tortura aplicada aos supostos réus quando, em seu exame, caem em contradição, como se o temor da pena, a incerteza do julgamento, o aparato e a majestade do juiz, a ignorância comum a quase todos, celerados e inocentes, não devessem provavelmente fazer cair em contradição tanto o inocente que teme como o réu que procura encobrir a verdade; como se as contradições, comuns aos homens quando estão tranqüilos, não devessem multiplicar-se na perturbação do ânimo, totalmente absorvido no pensamento de salvar-se do iminente perigo.

Esse infame cadinho da verdade é um monumento ainda existente da antiga e selvagem legislação, quando eram chamados *juízos* de Deus as provas do fogo e da água fervente, e a incerta sorte das armas, como se os anéis da eterna corrente que reside no seio da Causa primordial, pudessem ser a todo momento desordenados e desconectados pelas frívolas instituições humanas. A única diferença que existe entre a tortura e as provas do fogo e da água fervente é que o êxito da primeira parece depender da vontade do réu e as segundas, de um fato puramente físico e extrínseco: mas essa diferença é só aparente, não real. É tão pouco livre dizer a verdade entre os estertores e as dilacerações, quanto o era então impedir sem fraude os efeitos do fogo e da água fervente. Qualquer ato de nossa vontade é sempre proporcional à força da impressão sensível, que é sua fonte; e a sensibilidade de todo homem é limitada. Portanto, a impressão da dor pode aumentar de tal modo que, ocupando toda a sensibilidade, não deixe liberdade alguma ao torturado, a não ser escolher o caminho mais curto no momento presente, para se subtrair da pena. Então a resposta do réu é tão necessária como as impressões do fogo ou da água. Em decorrência, o inocente sensível se declarará réu quando crer que com isso irá pôr um fim ao tormento. Toda diferença desaparece por aquele mesmo meio que se quer empregar para encontrá-la.

É supérfluo tentar aumentar a luz, citando os inumeráveis exemplos de inocentes que se confessaram culpados nos estertores da tortura; não há nação, não há época que não cite os seus, mas nem os homens mudam, nem tiram disso conseqüências. Não há homem que tenha levado suas idéias para além das necessidades da vida, que por vezes não corra em direção à natureza que, com secretas e confusas vozes, o chama para si; o hábito, tirano das mentes, o faz recuar e o espanta.

O resultado da tortura, portanto, é uma questão de temperamento e de cálculo, que varia em cada homem proporcionalmente à sua robustez e à sua sensibilidade, de maneira que, com esse método, um matemático resolveria mais satisfatoriamente o problema que um juiz: conhecida a força dos músculos e a sensibilidade das fibras de um inocente, encontrar o grau de dor que o levará a confessar-se culpado de determinado delito.

O interrogatório de um acusado é conduzido para conhecer a verdade, mas se essa verdade dificilmente se descobre no ar, nos gestos, na fisionomia de um homem tranqüilo, muito menos será descoberta num homem em que as convulsões da dor alteram todos os sinais, por meio dos quais, do semblante da maioria dos homens, transpira às vezes, a contragosto, a verdade. Toda ação violenta confunde e faz desaparecer as menores diferenças dos objetos, pelas quais se distingue, às vezes, a verdade da mentira.

Essas verdades eram conhecidas dos legisladores romanos e entre os romanos não era usado nenhum tipo de tortura a não ser unicamente com os escravos, aos quais lhes tirada toda personalidade; essas verdades eram conhecidas igualmente da Inglaterra, nação onde a glória das letras, a superioridade do comércio e das riquezas e, portanto, do poderio, bem como os exemplos de virtude e de coragem não deixam dúvidas quanto à correção das leis. A tortura foi abolida na Suécia, abolida por um dos mais sábios monarcas da Europa[1] que, ao levar consigo a filosofia ao trono, legislador amigo de seus súditos, tornou-os iguais e livres sob a única dependência das leis, que é a única igualdade e liberdade que os homens sensatos podem exigir no presente contexto histórico. A tortura não é julgada necessária pelas leis dos exércitos da maioria das nações, as quais, no entanto, pareceria que devessem se servir dela mais que qualquer outro segmento da sociedade. Coisa estranha, para quem não refletiu sobre a imensa tirania que representa seu uso, que as pacíficas leis devam aprender dos

---

1 O autor se refere a Gustavo III (1746-1792), rei da Suécia de 1771 até a morte, governou inicialmente como um déspota esclarecido, abolindo a tortura, a venalidade dos graus nobiliárquicos e posições políticas, concedendo liberdade à imprensa e impondo a tolerância religiosa; problemas agrários e guerras externas, porém, fizeram-no voltar ao autoritarismo; foi assassinado por um fanático (NT).

homens endurecidos nos morticínios e no derramamento de sangue o método mais humano de julgar!

Essa verdade é finalmente percebida, embora confusamente, por aqueles mesmos que dela se afastam. Não vale a confissão feita sob tortura, se não for confirmada com juramento depois de concluída a confissão; se o acusado, porém, não confirmar o delito, é novamente torturado. Alguns juristas e algumas nações não permitem essa infame petição de princípio a não ser por três vezes; outras nações e outros juristas a deixam a critério do juiz, de tal modo que, de dois homens igualmente inocentes ou igualmente culpados, o robusto e corajoso será absolvido, ao passo que o fraco e tímido será condenado, em virtude deste exato raciocínio: *Eu, juiz, tinha de encontrar um culpado de tal delito; tu, vigoroso, soubeste resistir à dor e por isso te absolvo; tu, fraco, cedeste e por isso te condeno. Bem sei que uma confissão arrancada pela violência da tortura não teria valor algum, mas vou mandar torturá-los de novo se não confirmarem o que confessaram.*

Uma estranha conseqüência que necessariamente deriva da tortura é que o inocente se colocado numa posição pior que a do culpado; porque, se ambos forem torturados, o inocente tem todas as coisas contra si, pois, ou confessa o delito e é condenado, ou é declarado inocente e sofreu uma pena indevida; mas o culpado goza de uma situação favorável, ou seja, se resiste à tortura com firmeza, deve ser absolvido como inocente e acabou trocando uma pena maior por uma menor. Portanto, o inocente está sempre fadado a perder e o culpado só pode ganhar.

A lei que autoriza a tortura é uma lei que diz: *Homens, resistam à dor, e se a natureza criou em vocês um amor próprio inextinguível, se lhes deu um inalienável direito de se defenderem, eu crio em vocês um sentimento inteiramente contrário, isto é, um heróico ódio de vocês mesmos, para que digam a verdade mesmo enquanto lhes dilaceram os músculos e lhes deslocam os ossos.*

A tortura é aplicada para descobrir se o acusado é também réu de outros delitos além daqueles de que é acusado, o que equivale a este raciocínio: *Tu és acusado de um delito, portanto, é possível que o sejas de cem outros delitos; esta dúvida me incomoda, quero certificar-me disso com meu critério de verdade; as leis te torturam porque és culpado, porque podes ser culpado, porque quero que sejas culpado.*

Finalmente, a tortura é aplicada a um acusado para descobrir os cúmplices de seu delito; mas se está provado que a tortura não um meio oportuno para descobrir a verdade, como poderá servir para desvendar os cúmplices, quando esse conhecimento é uma das verdades a serem descobertas? É certo que aquele que se acusa a si mesmo mais facilmente acusará os outros. Além disso, será justo atormentar um homem pelos crimes de outro? Não podem ser descobertos os cúmplices pelos interrogatórios das testemunhas, pelo interrogatório do acusado, pelas provas e pelo corpo de delito, em suma, por todos aqueles meios que devem servir para enquadrar o delito no acusado? Os cúmplices, na maioria das vezes, fogem depois que o companheiro foi preso; a incerteza de sua sorte os condena por si ao exílio e livra a sociedade do perigo de novos delitos, ao passo que a pena do culpado, que ela tem nas mãos, obtém seu único fim, isto é, o de demover com o terror os outros homens de semelhante delito (cap. XVI).

Presteza das penas

Quanto mais pronta for a pena e mais próxima do delito cometido, tanto mais justa e útil será. Digo mais justa, porque poupa ao acusado os inúteis e cruéis tormentos da incerteza, que aumentam com o vigor da imaginação e com o sentimento da própria fraqueza; mais justa, porque, a privação da liberdade sendo já uma pena, esta não pode preceder a sentença a não ser quando a necessidade o exigir.

O cárcere é, portanto, a simples custódia de um cidadão até que seja julgado culpado e, uma vez que essa custódia é essencialmente penosa, deve durar o menor tempo possível e deve ser igualmente menos cruel possível. O menor tempo deve ser medido tanto pela necessária duração do processo como pelo próprio tempo já passado no cárcere, o que determina que os detidos de mais longa data têm o direito de ser julgados em primeiro lugar.

O espaço de tempo na prisão deve ser o estritamente necessário, tanto para impedir a fuga como para evitar a ocultação das provas dos delitos. O próprio processo deve ser concluído no mais breve espaço de tempo possível. Que contraste mais cruel pode subsistir entre a indolência de um juiz e a angústia de um acusado? A comodidade e os prazeres de um magistrado insensível de um lado e, de outro, as lágrimas e o definhamento de um prisioneiro?

O peso da pena e a conseqüência de um delito devem ser em geral mais eficazes para os outros e menos duros para quem os sofre, porque não pode ser chamada legítima sociedade aquela em que não subsista o princípio infalível segundo o qual os homens tenham querido se sujeitar aos mínimos males possíveis.

Eu disse que a presteza das penas é mais útil, porque, quanto menor é o tempo que decorre entre o delito e a pena, tanto mais forte e duradoura é no ânimo humano a associação destas duas idéias, *delito e pena*, de modo que imperceptivelmente um é considerado como causa e outra como efeito necessário e inevitável.

Está demonstrado que a união das idéias é o cimento que sustenta todo o edifício do intelecto humano, sem a qual o prazer e a dor seriam sentimentos isolados, sem qualquer efeito. Quanto mais os homens se afastam das idéias gerais e dos princípios universais, isto é, quanto mais são vulgares, tanto mais agem por meio das relações imediatas e mais próximas, negligenciando as mais distantes e complicadas, que só servem aos homens fortemente apaixonados pelo objeto a que visam, visto que a luz da atenção ilumina um único objeto, deixando os demais na escuridão. Servem igualmente às mentes mais elevadas, porque adquiriram o hábito de visualizar rapidamente e de um só relance muitos objetos e, além disso, possuem a facilidade de comparar uns com os outros muitos sentimentos parciais, de modo que o resultado, que é a ação, é menos perigoso e incerto.

É de suma importância, portanto, a proximidade do delito e da pena, se acaso se quiser que nas rudes mentes do povo, à sedutora pintura de um delito vantajoso qualquer se resgate imediatamente a idéia associada da pena. O longo retardamento não produz outro efeito senão o de separar sempre mais essas duas idéias e, por mais que cause impressão o castigo de um delito – causa-a menos como castigo que como espetáculo – só a causa depois que estiver enfraquecido no ânimo dos espectadores o horror de semelhante delito particular, que deveria reforçar a exigência da pena.

Outro princípio serve admiravelmente para estreitar sempre mais a importante conexão entre o delito e a pena, ou seja, que esta seja de todas as formas possíveis mais conforme à natureza do delito. Essa analogia facilita de modo transparente o contraste que deve existir entre o ímpeto ao delito e a repercussão da pena, ou seja, que esta afaste e conduza o ânimo a um objetivo oposto daquele que a sedutora idéia da infração da lei procura encaminhá-lo (cap. XIX).

Violências

Entre os delitos, uns são atentados contra a pessoa, outros contra os bens. Os primeiros devem ser punidos infalivelmente com penas corporais: nem os grandes nem os ricos devem contratar a preço de dinheiro os atentados contra os fracos e os pobres, caso contrário as riquezas que, sob a proteção das leis, são o prêmio da indústria, se tornarão o alimento da tirania.

Não existe mais liberdade todas as vezes que as leis permitirem que em certas circunstâncias um homem deixe de ser *pessoa* e se torne *coisa*: haverão de ver então a astúcia dos poderosos voltada inteiramente a fazer surgir do meio da multidão situações civis que a lei lhes torna favoráveis. Essa descoberta é o mágico segredo que transforma os cidadãos em animais de carga que, nas mãos dos fortes, formam a corrente com que liga as ações dos incautos e dos fracos. Esta é a razão pela qual em certos governos, que têm todas as aparências de liberdade, a tirania permanece oculta ou se introduz imprevisível por algum ângulo negligenciado pelo legislador, no qual imperceptivelmente toma força e cresce. Os homens geralmente levantam diques mais sólidos contra a tirania aberta, mas não vêem o inseto imperceptível que os corrói e abre um caminho tão seguro quanto oculto para o rio devastador (cap. XX).

Furtos

Os furtos que foram praticados sem violência deveriam ser punidos com pena pecuniária. Quem procura enriquecer com os bens dos outros deveria ser empobrecido dos seus. Mas como este não é usualmente senão o delito da miséria e do desespero, o delito daquela infeliz porção de homens para a qual o direito de propriedade (direito terrível e talvez desnecessário) só deixou a existência como único bem; mas como as penas pecuniárias só se prestam para multiplicar o número dos culpados muito mais do que o número dos delitos e tiram o pão dos inocentes para dá-lo aos celerados, a pena mais oportuna será essa espécie de escravidão, que é a única que pode ser chamada justa, isto é, a escravidão temporária, que torna a sociedade senhora absoluta da pessoa e do trabalho do culpado, para fazê-lo expiar, por essa dependência, o dano que causou e a violação do pacto social.

Mas quando o furto é acompanhado de violência (roubo), a pena deve ser igualmente composta de castigo corporal e servil. Outros escritores mostraram, antes de mim, a evidente desordem que surge do fato de não distinguir as penas dos furtos violentos daquelas dos furtos dolosos, estabelecendo a absurda equação de uma grande soma de dinheiro com a vida de um homem; mas nunca é supérfluo repetir verdades que quase nunca foram seguidas.

Os corpos políticos conservam mais que qualquer outro o movimento recebido e são os mais lentos a imprimir-lhes um novo. Os furtos com e sem violência são delitos de natureza diferente e é de todo certo também em política o axioma da matemática que afirma que entre quantidades heterogêneas há o infinito que as separa (cap. XXII).

Moderação das penas

O curso de minhas idéias me desviou de meu objeto e devo voltar logo para esclarecê-lo. Um dos maiores freios para os delitos não é a crueldade das penas, mas sua infalibilidade e, por conseguinte, a vigilância dos magistrados e aquela severidade de um juiz inexorável, a qual, para ser virtude útil, deve ser acompanhada de uma legislação moderada. A certeza de um castigo, embora moderado, causará sempre maior impressão que o temor de outro mais terrível, junto com a esperança da impunidade; porque os males, mesmo mínimos, quando são certos, assustam sempre o espírito humano e a esperança, dom celeste que muitas vezes nos faz suportar tudo, sempre afasta a idéia dos maiores males, especialmente quando a impunidade, conseguida muitas vezes com a avareza e a fraqueza, aumenta sua força.

A própria atrocidade da pena faz com que se ouse mais ainda para evitá-la quando o mal que se vai cometer é grande; faz com que sejam cometidos mais delitos para fugir da pena de um único.

Os países e os tempos dos mais atrozes suplícios foram sempre aqueles das mais sangrentas e desumanas ações, porque o mesmo espírito de ferocidade que guiava a mão do legislador, levantava aquela do parricida e do sicário. Do alto do trono, o soberano ditava leis de ferro a almas atrozes de escravos, que obedeciam. Essa escuridão da alma estimulava a imolar os tiranos para criar outros.

À medida que os suplícios se tornam mais cruéis, os ânimos que, como os fluidos, se põem sempre ao nível dos objetos que os cercam, se endurecem e a força sempre viva das paixões faz com que, cem anos depois de cruéis suplícios, a roda apavore tanto quanto anteriormente a prisão apavorava.

Para que a pena produza o efeito que dele se espera, basta que o mal da pena exceda o bem que decorre do delito e nesse excesso de mal deve ser incluída a infalibilidade da pena e a perda do bem que o delito haveria de produzir. Tudo o que exceda a isso é, portanto, supérfluo e, por isso mesmo, tirânico. Os males que os homens conhecem por funesta experiência regularão melhor sua conduta do que aqueles que eles ignoram. Suponham-se duas nações, numa das quais, na escala das penas proporcional à escala dos delitos, a pena maior seja a escravidão perpétua e, na outra, o suplício da roda. Afirmo que a primeira inspirará tanto temor de sua maior pena quanto a segunda; e se houvesse uma razão para transportar para a primeira nação as maiores penas da segunda, a mesma razão serviria para aumentar as penas nesta última, passando imperceptivelmente do uso da roda para tormentos mais lentos e mais requintados, enfim, até os últimos refinamentos da ciência por demais conhecida pelos tiranos.

Duas outras conseqüências funestas derivam da crueldade das penas, contrárias ao próprio fim de prevenir os delitos. A primeira é que não é tão fácil conservar a proporção essencial entre o delito e a pena, porque, embora uma crueldade industriosa tenha multiplicado as espécies de tormentos, nenhum suplício pode ultrapassar o último grau da força humana, limitada pela sensibilidade e pela estrutura do corpo humano. Supondo que se tivesse chegado ao limite extremo, não seria possível encontrar, para delitos mais danosos e mais atrozes, pena maior correspondente, como seria o caso para preveni-los. A outra conseqüência é que a própria impunidade decorre da atrocidade dos suplícios. Os homens estão circunscritos dentro de certos limites, tanto no bem como no mal, e um espetáculo demasiadamente atroz para a humanidade não pode ser senão um furor passageiro, mas nunca um sistema constante, como devem ser as leis; caso sejam realmente cruéis, ou são mudadas, ou a impunidade fatal surge das próprias leis.

Quem, ao ler a história, não estremece de horror com os bárbaros e inúteis tormentos inventados e empregados friamente por homens que se autodenominavam sábios? Quem poderia deixar de tremer até o mais profundo de seu ser, ao ver os milhares de infelizes que a miséria, causada ou tolerada pelas leis que sempre favoreceram uns poucos e ultrajaram muitos, levou a um desesperado retorno ao primitivo estado natural? Ou acusados de delitos impossíveis e fabricados pela tímida ignorância ou culpados tão somente de serem fiéis aos próprios princípios, acusados por homens dotados dos mesmos sentidos e, por conseguinte, das mesmas paixões, dilacerados com premeditadas formalidades e com lentas torturas, formando um belo espetáculo para uma multidão fanática? (cap. XXVII).

Da pena de morte

Essa inútil profusão de suplícios, que jamais conseguiu tornar os homens melhores, me levou a examinar se a pena de morte é verdadeiramente útil e justa num governo bem estruturado. Qual pode ser o direito que os homens se atribuem para trucidar seus semelhantes? Certamente não aquele de que se originam a soberania e as leis. Estas não passam de uma soma de mínimas porções da liberdade particular de cada um; estas representam a vontade geral, que é a soma das particulares. Quem foi aquele que pretendeu deixar aos outros homens o arbítrio de matá-lo? Como no mínimo sacrifício da liberdade de cada um pode ser incluído também o sacrifício do supremo bem, a vida? E se isso foi feito, como se pode conciliar esse princípio com o outro que afirma que o homem não tem o direito de matar-se? E devia ter também esse direito, caso contrário, como pôde concedê-lo a outros e até mesmo à sociedade inteira?

A pena de morte, portanto, não é um *direito*, porquanto já demonstrei que não pode sê-lo, mas é uma guerra da nação contra um cidadão, porque julga necessária ou útil a destruição desse cidadão. Se eu conseguir provar, porém, que a morte não é útil nem necessária, terei ganho a causa da humanidade.

A morte de um cidadão só pode ser julgada necessária por dois motivos. O primeiro, quando um cidadão, mesmo privado da liberdade, tem ainda tal envolvimento e tal poder que ponha em risco a segurança da nação; quando sua existência pode produzir uma revolução perigosa contra a forma de governo estabelecida. A morte de qualquer cidadão se torna, pois, necessária quando a nação recupera ou perde sua liberdade, ou em período de anarquia, quando as próprias desordens substituem as leis; mas sob o reino tranqüilo das leis, sob uma forma de governo aprovada pela nação inteira, governo bem defendido no exterior e bem administrado no interior pela força e pela opinião, talvez mais poderosa que a própria força, num país em que a autoridade é exercida pelo próprio soberano, em que as riquezas só compram bem-estar e não poder, não vejo necessidade alguma de tirar a vida de um cidadão, a menos que sua morte fosse o verdadeiro e único freio capaz de impedir os outros a cometer delitos; este é o segundo motivo pelo qual a pena de morte pode ser julgada justa e necessária.

A experiência de todos os séculos prova que a pena de morte nunca deteve os homens determinados a agredir a sociedade; se o exemplo dos cidadãos romanos e os vinte anos do reinado da imperatriz da Rússia[2], durante os quais deu aos chefes dos povos essa ilustre lição, que se equivale ao menos a muitas conquistas obtidas com o sangue dos filhos da pátria, se esses exemplos não persuadissem os homens, para quem a linguagem da razão é sempre suspeita e que só é eficaz aquela da autoridade, basta consultar a natureza do homem para auscultar a verdade de minha afirmação.

Não é o rigor da pena que causa maior efeito no espírito humano, mas a duração da pena, porque nossa sensibilidade é mais fácil e constantemente afetada por mínimas mas reiteradas impressões do que por um forte mas passageiro abalo. Todo ser sensível está submetido ao império do hábito; e, como é este que

---

2 Trata-se de Isabel Petrovna (1709- 1762), filha de Pedro I e de Catarina I da Rússia; tornou-se imperatriz de todas as Rússias em 1741 e se manteve no trono até a morte; promoveu numerosas reformas políticas e econômicas e aboliu a pena de morte (NT).

ensina o homem a falar, a andar, a satisfazer suas necessidades, assim também as idéias morais só se gravam na mente somente por meio de duradouras e repetidas impressões. Não é o terrível mas passageiro espetáculo da morte de um celerado, mas o longo e penoso exemplo de um homem privado de sua liberdade que, transformado em besta de carga, recompensa com suas fadigas aquela sociedade que ofendeu, que realmente é o freio mais poderoso contra os delitos. Aquele eficaz, porque muitas vezes repetido, retorno sobre nós mesmos, "*eu mesmo seria reduzido a tão longa e mísera condição se cometesse semelhantes crimes*", é muito mais poderoso que a idéia da morte, que os homens sempre vêem numa obscura distância.

A pena de morte causa uma impressão que com sua força não resiste ao pronto esquecimento, natural no homem até nas coisas mais essenciais, e acelerado pelas paixões. Regra geral: as impressões violentas surpreendem os homens, mas não por muito tempo, e por isso são próprias para produzir essas revoluções que fazem subitamente de um homem comum um persa ou um espartano; mas num governo livre e tranqüilo, as impressões devem ser mais freqüentes que fortes.

A pena de morte se torna um espetáculo para a maioria e objeto de compaixão mesclada de desprezo para alguns; esses dois sentimentos ocupam mais a mente do espectador do que o salutar terror que a lei pretende inspirar. Mas nas penas moderadas e contínuas, o sentimento dominante é o último, porque só ele subsiste. O limite que o legislador deveria fixar ao rigor das penas parece consistir no sentimento de compaixão quando começa a prevalecer sobre todos os outros no ânimo dos espectadores de um suplício, feito mais para eles do que para o réu.

Para que uma pena seja justa, deve ter apenas o grau de rigor que é suficiente para demover os homens dos delitos; ora, não há ninguém que, refletindo a respeito, possa escolher a total e perpétua perda da própria liberdade, por mais vantajoso que possa ser um delito: logo, o rigor da pena da escravidão perpétua, substituindo a pena de morte, tem tudo o que basta para demover qualquer ânimo determinado a cometer um delito; acrescento ainda: muitos encaram a morte com semblante tranqüilo e firme, quem por fanatismo, quem por vaidade, que quase sempre acompanha o homem para o além-túmulo, quem por uma última e desesperada tentativa de não viver ou de sair da miséria; mas nem o fanatismo nem a vaidade estão entre os grilhões ou as correntes, sob o bastão, sob o jugo, atrás das grades de ferro, e o desesperado não termina seus males, mas os começa.

Nosso ânimo resiste mais à violência e às extremas mas passageiras dores que ao tempo e ao incessante desgosto; porque pode, por assim dizer, condensar-se totalmente por um momento para afastar os males passageiros, mas sua vigorosa elasticidade não é suficiente para resistir à longa e repetida ação dos males contínuos.

Com a pena de morte, todo exemplo que se dá à nação supõe um delito; na pena da escravidão perpétua, um único delito dá muitíssimos e duradouros exemplos; e se é importante que os homens vejam com freqüência o poder das leis, as penas de morte não devem se distanciar muito entre si: portanto, supõem a freqüência dos delitos; logo, para que esse suplício seja útil é necessário que não cause nos homens toda a impressão que deveria, isto é, que seja útil e não-útil ao mesmo tempo.

Quem disser que a escravidão perpétua é tão dolorosa quanto a morte, e por isso igualmente cruel, responderei que, somando todos os momentos infelizes da escravidão, o será talvez até mais, mas esses se estendem por toda a vida, enquanto a pena de morte exerce toda a sua força num só instante; esta é a vantagem da pena de escravidão: amedronta mais aquele que a vê do que quem a sofre, porque o primeiro considera a soma de todos os momentos infelizes, enquanto o segundo esquece as penas futuras por causa da infelicidade do momento presente. A imaginação aumenta todos os males e quem sofre encontra forças e consolações, desconhecidas e incríveis por parte dos espectadores, que substituem o espírito calejado do infeliz pela sensibilidade deles.

Aqui está mais ou menos o raciocínio que um ladrão ou um assassino fazem, os quais não têm outro contrapeso para deixar de violar as leis senão a forca ou a roda. Sei que desenvolver os sentimentos da própria alma é uma arte que se com a educação; mas embora um ladrão não possa perceber seus princípios, nem por isso deixa de agir segundo certo raciocínio como este: *Quais são essas leis que devo respeitar e que deixam tão grande intervalo entre mim e o rico? Ele me nega um tostão que lhe peço e se desculpa mandando-me fazer um trabalho que ele jamais fez. Quem fez essas leis? Homens ricos e poderosos, que jamais se dignaram visitar as miseráveis choupanas do pobre, que jamais dividiram um pão mofado apesar dos inocentes clamores dos filhos esfaimados e das lágrimas da mãe. Rompamos esses laços fatais para a maioria e úteis para uns poucos e indolentes tiranos, ataquemos a injustiça em sua nascente. Retornarei a meu estado de independência natural, viverei livre e feliz por algum tempo com os frutos de minha coragem e de minha astúcia, virá talvez o dia da dor e do arrependimento, mas será breve esse tempo, e terei um dia de dificuldade por muitos anos de liberdade e de prazeres. Rei de pequeno grupo, corrigirei os erros da fortuna e verei esses tiranos empalidecer e tremer na presença daquele que, com um insultante fausto, classificavam como pior que seus cavalos e seus cães.* Então a religião se apresenta na mente do celerado, que abusa de tudo, e oferecendo-lhe fácil arrependimento e a quase certeza de eterna felicidade, diminui em muito o horror daquela derradeira tragédia.

Mas aquele que tem diante dos olhos um grande número de anos ou mesmo todo o curso da vida para passar na escravidão e na dor diante de seus concidadãos, com os quais vive livre e sociável, escravo dessas leis pelas quais era protegido, faz uma comparação útil de tudo isso com a incerteza do êxito incerto de seus delitos, com a brevidade do tempo de que disporá para desfrutar. O exemplo sempre presente dos infelizes, que ele vê como vítimas da imprudência, lhe causa uma impressão bem mais profunda que o espetáculo de um suplício que pode endurecê-lo mais do que corrigi-lo.

A pena de morte não é útil por causa do exemplo de atrocidade que dá aos homens. Se as paixões ou a necessidade da guerra ensinaram a derramar o sangue humano, as leis moderadoras da conduta dos homens não deveriam intensificar o bárbaro exemplo, tanto mais funesto quanto mais a morte é aplicada com formalidade e requinte. Parece-me absurdo que as leis, que são a expressão da vontade pública, que detestam e punem o homicídio, elas próprias cometam um e, para afastar os cidadãos do assassínio, ordenem um assassínio público.

Quais são as leis verdadeiras e mais úteis? Aqueles pactos e aquelas condições que todos gostariam de observar e propor, enquanto cala a voz sempre ouvida do interesse privado ou se identifica com o interesse público. Qual é o sentimento geral sobre a pena de morte? Está descrito nos atos de indignação e de desprezo com que todos olham para o carrasco, que é apenas um inocente executor da vontade pública, um cidadão honesto que contribui para o bem público, o instrumento necessário para a segurança pública interna, como o são os valorosos soldados na defesa externa. Qual é, pois, a origem dessa contradição? E por que é indelével esse sentimento apesar da razão? Porque os homens, na parte mais secreta de seu íntimo, parte que mais que qualquer outra conserva ainda a forma original da velha natureza, sempre acreditaram que a própria vida não está em poder de ninguém e que somente a necessidade, que com seu cetro de ferro rege o universo, pode dispor dela.

Que devem pensar os homens ao ver os sábios magistrados e os graves sacerdotes da justiça que, com aparente tranqüilidade, mandam arrastar com solene aparato um réu à morte? E enquanto o infeliz estremece na derradeira angústia, esperando o golpe fatal, o juiz passa com insensível frieza e talvez também com secreta complacência pela própria autoridade, prelibando as comodidades e os prazeres da vida? *Ah!* – dirão eles – *essas leis não passam de pretextos da força e as premeditadas e cruéis formalidades da justiça; não passam de uma linguagem de conveniência para imolar-nos com mais segurança, como vítimas destinadas em sacrifício ao ídolo insaciável do despotismo. O assassínio, que nos é pregado como um terrível crime, nós o vemos também sem repugnância e cometido sem furor. Que nos sirva de exemplo. A morte violenta nos parecia uma cena terrível nas descrições que dela nos faziam, mas a vemos como uma simples questão de momento. Será menos ainda para aquele que tiver coragem de ir ao encontro dela e conseguir poupar-se de tudo o que ela tem de doloroso!* Esses são os funestos raciocínios que, se não com clareza, ao menos confusamente, levam os homens a dispor-se ao crime, nos quais, como já vimos, o abuso da religião pode muito mais que a própria religião.

Se me opusessem o exemplo de quase todos os séculos e de quase todas as nações que aplicaram a pena de morte para alguns delitos, responderei que é aniquilado diante da verdade, contra a qual não há prescrição, responderei que a história dos homens nos dá a idéia de um imenso mar de erros, entre os quais poucas e confusas verdades, e a grandes intervalos, vêm à tona. Os sacrifícios humanos foram comuns a quase todas as nações, e quem ousaria desculpá-los? Que algumas poucas sociedades, e por pouco tempo somente, se tenham abstido de aplicar a pena de morte, isso é antes favorável a mim do que contrário, porque isso é conforme à sorte das grandes verdades, cuja duração é como um relâmpago, em comparação com a longa e tenebrosa noite que envolve os homens. Não chegou ainda a época em que a verdade, como até agora o erro, será o apanágio da maioria; e dessa lei universal só ficaram isentas até agora as únicas verdades que a Sabedoria infinita quis dividir com as outras, ao revelá-las.

A voz de um filósofo é muito fraca diante dos tumultos e dos gritos de tantos que são guiados pelo cego costume, mas os poucos sábios espalhados pela superfície da terra me darão razão no íntimo de seus corações; e se a verdade pudesse, entre os infinitos obstáculos que a afastam de um monarca, apesar dele, chegar até seu trono, saibam que ela chega até lá com os votos secretos de todos os homens; saibam que diante dele calará a sangrenta fama dos conquistadores e que a justa posteridade lhe conferirá o primeiro lugar entre os pacíficos troféus de um Tito[3], dos Antoninos[4] e de um Trajano[5].

Feliz da humanidade se, pela primeira vez, recebesse leis, hoje que vemos elevados nos tronos da Europa monarcas benfeitores, protetores das virtudes pacíficas, das ciências e das artes, pais de seus povos, cidadãos coroados; o aumento da autoridade deles faz a felicidade dos súditos, porque elimina aquele despotismo intermediário mais cruel, porquanto menos seguro, com o qual eram sufocados os votos sempre sinceros do povo e sempre favoráveis quando podem chegar ao trono! Se esses monarcas, repito, deixam subsistir leis antigas, é porque têm extrema dificuldade para extirpar dos erros a venerada ferrugem de muitos séculos e esse é um motivo para os cidadãos esclarecidos de desejar com maior ardor o contínuo aumento de sua autoridade (cap. XXVIII).

---

3 Titus Flavius Vespasianus (39-81), imperador romano de 79 a 81 (NT).

4 Os Antoninos formaram uma dinastia imperial que reinou em Roma de 96 a 192, da qual fizeram parte os seguintes imperadores: Nerva, Trajano, Antonino Pio, Lúcio Vero, Marco Aurélio e Cômodo; seu período de governo constituiu o apogeu do império romano (NT).

5 Marcus Ulpius Trajanus (53-117), imperador romano de 98 a 117 (NT).

Da prisão

Um erro não menos comum do que contrário ao fim social, que se baseia na própria segurança, é deixar como árbitro o magistrado executor das leis que lhe permitem prender um cidadão, tirar a liberdade de um inimigo sob pretextos frívolos e deixar impune um amigo, apesar dos fortes indícios de delito. A prisão é uma pena que por necessidade deve, diversamente de todas as outras, preceder a declaração do delito, mas essa característica distintiva não lhe tira a outra essencial, ou seja, de que somente a lei deve determinar os casos em que um homem é digno da pena. A lei, portanto, deve estabelecer os indícios de um delito que levem à prisão de um acusado, que o sujeitem a uma investigação e a uma pena. O clamor público, a fuga, a confissão extra-judicial, o depoimento de um cúmplice do delito, as ameaças e a constante inimizade com o ofendido, o corpo do delito e semelhantes indícios são provas suficientes para prender um cidadão; mas essas provas devem ser estabelecidas pela lei e não pelos juízes, cujas sentenças são sempre contrárias à liberdade política, quando não são proposições particulares de uma máxima geral existente no código público.

À medida que as penas forem moderadas, à medida que a esqualidez e a fome forem abolidas dos cárceres, à medida que a compaixão e a humanidade penetrarem nas masmorras e se imporem aos inexoráveis e empedernidos ministros da justiça, as leis poderão contentar-se com indícios sempre mais fracos para ordenar a prisão.

Alguém acusado de um delito que tenha sido preso e absolvido não deveria carregar consigo nenhuma nota de infâmia. Quantos romanos acusados de graves delitos, mas depois reconhecidos inocentes, foram reverenciados pelo povo e honrados com cargos públicos! Mas por que razão é tão diferente em nossos dias a sorte de um inocente preso? Porque no atual sistema criminal parece prevalecer a idéia da força e da prepotência e não a da justiça; porque são lançados indistintamente na mesma masmorra os suspeitos de delito e os criminosos confessos; porque a prisão é antes um suplício que um meio de deter um acusado; e porque a força interna, tutora das leis, é separada da externa, defensora do trono e da nação, quando deveriam estar unidas.

Desse modo, a primeira seria, por meio do apoio comum das leis, combinada com a faculdade de julgar, mas não dependente daquela com poder imediato, e a glória, acompanhada da pompa, e o aparato de um corpo militar eliminariam a infâmia, a qual está mais ligada ao modo que à coisa, como todos os sentimentos populares; e está provado que as prisões militares, na opinião comum, são menos infamantes que as civis. Perduram ainda no povo, nos costumes e nas leis, sempre atrasados em mais de um século em relação às luzes atuais, perduram ainda as bárbaras impressões e as ferozes idéias dos caçadores do norte, nossos antepassados.

Alguns sustentaram que um delito, isto é, uma ação contrária às leis, pode ser punido em qualquer lugar onde tenha sido cometido; como se o caráter de súdito fosse indelével, ou seja, sinônimo, melhor, pior daquele de escravo; como se alguém pudesse ser súdito de um país e habitar em outro e que suas ações pudessem, sem contradição, ser subordinadas a dois soberanos e a dois códigos muitas vezes contraditórios. Alguns acreditam igualmente que uma ação cruel perpetrada, por exemplo, em Constantinopla possa ser punida em Paris, por causa da abstrata razão de que quem ofende a humanidade merece ter toda a humanidade como inimiga e ainda a execração universal; como se os juízes fossem vingadores da sensibilidade dos homens e não dos pactos que os ligam entre si. O lugar de pena é o lugar do delito, porque somente ali e não em outro local os homens podem condenar um privado para prevenir a ofensa pública. Um criminoso, que não agrediu os pactos de uma sociedade de que não era membro, pode ser temido e, desse modo, exilado e excluído pela força superior da sociedade, mas não punido com as formalidades das leis que vingam os pactos, não punido por causa da maldade intrínseca das ações.

Os réus de delitos mais leves costumam ser punidos na penumbra de uma prisão ou enviados, para servir de exemplo, sujeitos a uma distante e quase inútil escravidão, a nações que não ofenderam. Se os homens não são induzidos num momento a cometer os mais graves delitos, a pena pública de um grande crime será considerada pela maioria como estranha e impossível de lhes ser aplicada; mas a pena pública para delitos mais leves, e aos quais o ânimo está mais próximo, causará uma impressão que, desviando-o destes, o afasta sempre mais daqueles. As penas não devem ser somente proporcionais entre si e aos delitos na força, mas também no modo de infligi-las. Alguns livram da pena de pequeno delito quando a parte ofendida perdoa, ato conforme à benevolência e à humanidade, mas contrário ao bem público, como se um cidadão privado pudesse igualmente eliminar, com sua remissão, a necessidade do exemplo, como o ressarcimento da ofensa pode remitir. O direito de punir não é de um só, mas de todos os cidadãos ou do soberano. Ele só pode renunciar à sua porção de direito, mas não anular a dos outros (cap. XXIX).

Processos e prescrição

Conhecidas as provas e verificada a certeza do delito, é necessário conceder ao acusado o tempo e os meios para justificar-se; o tempo, porém, deve ser breve para não prejudicar a presteza da pena que, como vimos, é um dos principais freios contra os delitos. Um mal entendido amor da humanidade parece contrário a essa brevidade de tempo, mas toda dúvida desaparecerá se acaso se refletir que os perigos para a inocência crescem com as falhas da legislação.

As leis, contudo, devem fixar certo espaço de tempo tanto para a defesa do acusado como para a investigação das provas do delito, e o juiz se tornaria legislador se tivesse de decidir sobre o tempo necessário para provar um delito. De igual modo, os delitos atrozes, cuja memória subsiste por muito tempo entre os homens, quando forem provados, não deve haver nenhuma prescrição em favor do réu que se subtraiu à pena por meio da fuga; mas os delitos menores e obscuros devem eliminar, com a prescrição, a incerteza da sorte de um cidadão, porque a obscuridade que envolveu por muito tempo os delitos diminui muito a necessidade do exemplo e permite devolver ao cidadão sua condição anterior com o objetivo de torná-lo melhor.

É suficiente acenar a esses princípios gerais, porque só se pode fixar um limite preciso por meio de determinada legislação e nas determinadas circunstâncias de uma sociedade; acrescento somente que, provada a utilidade das penas moderadas numa nação, as leis que, segundo a gravidade dos delitos, abreviam ou prolongam o tempo da prescrição ou o tempo das provas, formando desse modo a prisão provisória e o exílio voluntário uma parte da pena, levariam a estabelecer uma justa progressão de penas brandas para um grande número de delitos.

Mas esses tempos não devem ser prolongados em razão da gravidade dos delitos, porque a probabilidade dos delitos está na razão inversa de sua atrocidade. Deverá ocorrer, portanto, a redução do tempo da investigação e o aumento daquele da prescrição, o que pareceria uma contradição do quanto já disse, ou seja, que podem ser aplicadas penas iguais a delitos desiguais, avaliando como uma pena o tempo da prisão ou da prescrição que precedem a sentença. Para explicar melhor ao leitor minha idéia, distingo duas espécies de delitos: a primeira é a dos crimes atrozes, que começa pelo homicídio e que compreende todas as outras atrocidades; a segunda é a dos delitos menores. Esta distinção tem seu fundamento na natureza. A segurança da própria vida é um direito da natureza; a segurança dos bens é um direito da sociedade. O número dos motivos que impele os homens para além do sentimento natural de compaixão é muito menor que o número de motivos que, por causa da ânsia natural de ser feliz, os impele a violar um direito que não está em seus corações, mas nas convenções da sociedade.

A grande diferença de probabilidade dessas duas classes exige que estas sejam reguladas por princípios diversos: nos delitos mais graves, porquanto mais raros, deve-se diminuir o tempo do exame do processo e prolongar o exame da probabilidade de inocência ou culpabilidade do acusado, devendo também aumentar o tempo da prescrição, porque da sentença definitiva da inocência ou da culpa de um homem depende eliminar a possibilidade da impunidade, cujo dano aumenta com a atrocidade do delito. Mas nos delitos menores, ao diminuir a probabilidade da inocência do acusado, deve aumentar o tempo do exame do processo e, ao atenuar-se o dano da impunidade, deve diminuir também o tempo da prescrição.

Essa distinção dos delitos em duas classes não deveria ser admitida se diminuísse o dano da impunidade na proporção em que aumenta a probabilidade do delito. Cumpre saber que um acusado, no qual não se verifique nem a inocência nem a culpa, embora solto por falta de provas, pode ser preso novamente pelo mesmo crime e submetido a nova investigação, se forem descobertos novos indícios de seu delito antes de terminar o tempo fixado para a prescrição, segundo o crime cometido. Tal é, pelo menos, a meu ver, o critério que se poderia seguir para preservar ao mesmo tempo a segurança e a liberdade dos cidadãos, sem favorecer uma em detrimento da outra, de tal modo que, esses dois bens, que formam o inalienável e igual patrimônio de cada cidadão, não sejam protegidos e zelados, um pelo escancarado ou mascarado despotismo e, o outro, pela turbulenta anarquia popular (cap. XXX).

Delitos de difícil comprovação

Em vista desses princípios, poderá parecer estranho, para quem não tiver presente que a razão quase nunca foi a legisladora das nações, que os delitos mais graves ou mais obscuros e quiméricos, isto é, aqueles cuja improbabilidade é maior, sejam provados por conjeturas e por provas mais fracas e equívocas, como se as leis e o juiz tivessem interesse não em procurar a verdade, mas em provar o delito; como se condenar um inocente não representasse um perigo muito maior do que a probabilidade da inocência pudesse superar a probabilidade do crime. Falta na maioria dos homens esse vigor necessário para produzir igualmente os grandes delitos como as grandes ações, fato que dá a impressão de que uns sempre acompanhem as outras naquelas nações que se mantêm mais pelas atividades do governo e das paixões que conspiram contra o bem comum do que com seu povo ou com a perene justiça das leis. Nestas, as paixões enfraquecidas parecem mais aptas a manter do que melhorar a forma de governo. Disso decorre uma conseqüência importante, ou seja, que nem sempre numa nação os grandes delitos provam sua decadência.

Há certos delitos na sociedade que são ao mesmo tempo freqüentes e difíceis de provar e nestes a dificuldade da prova reside na probabilidade da inocência; e como a esperança da impunidade contribui pouco para multiplicar essas espécies de delitos, que têm todas causas diferentes, a impunidade raramente é perigosa; nesse caso o tempo de exame do processo e o tempo da prescrição devem ser igualmente diminuídos. E também os adultérios, a libido grega, que são delitos de difícil prova, são aqueles que, segundo os princípios aceitos, admitem as presunções arbitrárias, as *quase-provas*, as *semi-provas* (como se um homem pudesse ser *semi-inocente* ou *semi-réu*, isto é, *semi-punível* e *semi-absolvível*); nesse gênero de delitos é que a tortura exerce seu cruel império na pessoa do acusado, nas testemunhas e até na família inteira do infeliz, como ensinam, com iníqua frieza, alguns criminalistas que ousam apresentar seus escritos como normas e leis aos magistrados.

O adultério é um delito que, considerado sob o ponto de vista político, tem sua força e sua direção baseadas em duas causas: as leis variáveis dos homens e aquela forte atração que impele um sexo para o outro; atração semelhante em muitos casos com a gravitação motora do universo, porque, como esta diminui com as distâncias e, se uma modifica todos os movimentos dos corpos, assim a outra modifica quase todos os movimentos da alma, enquanto durar sua atividade; dessemelhante, porém, porque a gravitação se põe em equilíbrio com os obstáculos, enquanto a atração dos sexos se intensifica em força e vigor com o aumento dos próprios obstáculos.

Se eu tivesse que falar a povos ainda privados das luzes da religião, diria que há outra grande diferença entre esse delito e todos os outros. O adultério é produzido pelo abuso de uma necessidade constante e comum a toda a humanidade, necessidade anterior, melhor, fundadora da própria sociedade, ao passo que os outros delitos, que mais são destruidores dessa sociedade, têm uma origem determinada mais pelas paixões do momento do que por uma necessidade natural. Para quem conhece a história e o homem, essa necessidade parece sempre igual a uma quantidade constante no mesmo clima. Se isso fosse verdade, seriam inúteis, melhor, perniciosas, aquelas leis e aqueles costumes que procurassem diminuir sua soma total, porque seu efeito seria sobrecarregar uma porção da sociedade com suas próprias necessidades e com as dos outros, mas sábias seriam, pelo contrário, aquelas leis que, seguindo a fácil inclinação do terreno, dividissem e esparramassem o curso do rio em tantas e pequenas porções iguais, para que impedissem uniformemente em toda parte tanto a aridez como o alagamento.

A fidelidade conjugal é sempre proporcional ao número e à liberdade dos casamentos. Se os preconceitos hereditários os regem, se o poder paterno os combina e os dissolve, nesses casos o galanteio rompe secretamente seus laços apesar da moral popular, cuja função é levantar-se contra os efeitos, omitindo as causas. Mas essas reflexões não são necessárias para quem, vivendo na verdadeira religião, tem motivos mais sublimes, os quais ajudam a superar a força dos efeitos naturais. A ação desse delito é tão instantânea e misteriosa, tão recoberta por aquele véu que as próprias leis impuseram, véu necessário mas frágil que só faz aumentar os encantos do objeto em vez de ocultá-lo; as ocasiões são tão fáceis, as conseqüências são tão duvidosas, que é bem mais fácil ao legislador preveni-lo do que oprimi-lo depois que já ocorreu.

Regra geral: em todo delito que, por sua natureza, deve quase sempre ficar impune, a pena se torna um incentivo. É faculdade de nossa imaginação que as dificuldades, se não forem insuperáveis ou muito difíceis com relação à preguiça de ânimo de todo homem, excitam mais vivamente a imaginação e tornam o objeto mais apetitoso, porque as dificuldades são, por assim dizer, outras tantas barreiras que impedem nossa caprichosa e volúvel imaginação deixar o objeto e, forçando-a a percorrer todas as relações, mais estreitamente se agarra à parte prazerosa, a que mais naturalmente nossa alma se apega, e não à parte dolorosa e funesta, de que se afasta e foge.

A pederastia, tão severamente punida pelas leis e tão facilmente submetida aos tormentos que vingam a inocência, é menos o efeito das necessidades do homem isolado e livre do que o desvio das paixões do homem escravo que vive em sociedade. Ela tem sua origem não tanto na vontade de saciar os prazeres, quanto dessa educação que acaba por tornar os homens inúteis a si próprios para torná-los úteis aos outros nessas casas onde se reúne a ardente juventude que, tendo diante de si uma barreira intransponível para qualquer outro tipo de relação, consome todo o vigor da natureza em desenvolvimento de forma inútil para a humanidade, antes, antecipa sua velhice.

O infanticídio é igualmente o efeito de uma inevitável contradição em que uma pessoa sucumbiu à fraqueza ou aos ímpetos da violência. De um lado a infâmia, de outro a morte de um ser incapaz de sentir a perda da vida: como não haveria de preferir esta última alternativa à infalível miséria a que estariam expostos essa pessoa e o infeliz fruto dela? A melhor de prevenir esse delito seria proteger com leis eficazes a fraqueza contra a tirania, que exagera os vícios que não podem ser cobertos com o manto da virtude.

Não pretendo diminuir o justo horror que inspiram esses delitos; mas, ao indicar suas fontes, creio estar no direito de tirar disso uma conseqüência geral, ou seja, que não se pode chamar precisamente justa (o que quer dizer necessária) a punição de um delito, até que a lei não faça uso do melhor meio possível, em determinadas circunstâncias de uma nação, para preveni-lo (cap. XXXI).

Dos devedores

A boa-fé dos contratos e a segurança do comércio obrigam o legislador a assegurar recurso aos credores sobre as próprias pessoas dos devedores falidos. Julgo importante, porém, distinguir o falido fraudulento do falido de boa-fé. O primeiro deveria ser punido com a mesma pena atribuída aos falsificadores de moeda, porque falsificar um pedaço de metal cunhado, que constitui a garantia das obrigações dos cidadãos, não é crime maior que falsificar as próprias obrigações.

Mas o falido de boa-fé, aquele que depois de rigoroso exame provou perante seus juízes que a maldade de outrem ou a desgraça de outrem ou contratempos inevitáveis para a prudência humana o despojaram de seus bens, por que bárbaro motivo deveria ser jogado numa prisão, privado do único e triste bem de uma nua liberdade que lhe resta, para provar as angústias dos culpados e, com o desespero da probidade questionada, ser levado a arrepender-se talvez daquela boa-fé que o fazia viver tranqüilo sob a tutela daquelas leis que não estava em seu poder evitar de transgredi-las, leis ditadas pelos poderosos por avidez e toleradas pelos fracos por aquela esperança que na maioria das vezes brilha na alma humana, esperança que faz acreditar que todos os acontecimentos felizes estão voltados para eles e todas as desgraças são reservadas para os outros?

Por mais que sujeitar-se às leis devesse induzir os homens a querer leis brandas, de modo geral os próprios homens, entregando-se aos sentimentos mais imediatos, amam as leis cruéis, porque a vontade de ofender os move mais que o temor de serem ofendidos. Retornando ao falido de boa-fé, afirmo que, se sua obrigação tiver de ser inextinguível até o pagamento total da dívida, se não lhe for concedido subtrair-se a ela sem o consentimento das partes interessadas e proteger sob outras leis sua indústria, a qual deveria ser obrigada sob penas a ser empregada para repô-lo em condições de satisfazer proporcionalmente a uma retomada, qual seria o pretexto legítimo, como a segurança do comércio, como a sagrada propriedade dos bens, que justificasse uma privação da liberdade, sempre inútil, exceto no caso em que o horror da prisão obrigasse o falido a revelar os segredos de uma suposta armação fraudulenta! Caso raro seria chegar a tanto, pressupondo-se que se faça um rigoroso exame da questão.

Julgo certa a máxima em legislação, segundo a qual a avaliação dos inconvenientes sociais esteja na razão direta do prejuízo público e na razão inversa da improbabilidade de ser constatada. Poder-se-ia distinguir a fraude da culpa grave, a grave da leve e esta da perfeita inocência, atribuindo no primeiro caso as penas dos delitos de falsificação, no segundo penas menores, mas com privação de liberdade, reservando ao último caso a livre escolha dos meios para se restabelecer; no caso de delitos leves, tirar a liberdade de fazê-lo por si, deixando-o a critério dos credores. Mas a distinção entre grave e leve deve ser fixada pela lei cega e imparcial, não pela perigosa e arbitrária prudência dos juízes. A fixação dos limites é tão necessária na política como na matemática, tanto na medida do bem público como na medida das grandezas[6].

Com que facilidade o legislador previdente poderia impedir grande parte das falências fraudulentas e remediar a desgraça do homem realmente honesto trabalhador! O público e transparente registro de todos os contratos e a liberdade de todos os cidadãos de consultar os documentos bem organizados, um banco público formado pelas contribuições sabiamente repartidas entre os comerciantes de sucesso e destinadas a socorrer com somas convenientes o infeliz e inculpável membro dessa associação, todos esses meios não apresentariam nenhum inconveniente real e poderiam produzir inumeráveis vantagens.

Mas as fáceis, simples e grandes leis que esperam apenas o sinal do legislador para espalhar no interior das nações a abundância e a robustez, leis que o cumulariam de hinos imortais de reconhecimento de geração em geração são desconhecidas ou rejeitadas. Um espírito inquieto e de idéias estreitas, a tímida

---

6 O comércio e a propriedade dos bens não representam um fim do pacto social, mas podem ser um maio para conquistá-lo. Expor todos os membros da sociedade aos males, que tantas combinações podem produzi-los, seria subordinar os fins aos meios, paralogismo de todas as ciências e especialmente da política, no qual caíram as precedentes edições, onde eu dizia que o falido de boa-fé deve ser conservado sob custódia como penhor de sua dívida ou utilizado como escravo a serviço dos credores. Sinto vergonha de ter escrito isso. Fui acusado de impiedade e não o merecia. Fui acusado de sedição e não o merecia. Agredi os direitos da humanidade, e ninguém me recriminou por isso.

prudência do momento presente, uma obstinada rigidez contra as novidades se apoderam dos sentimentos de quem regulamenta a multidão das ações dos pobres mortais (cap. XXXIV).

Atentados, cúmplices, impunidade

Embora as leis não punam a intenção, não é menos verdade que um delito que começa com uma ação, que manifesta a vontade de cometê-lo, mereça uma pena, evidentemente menor que aquela aplicada caso o delito tivesse sido cometido. A importância de prevenir um atentado permite a aplicação de uma pena à tentativa de executá-lo; mas como entre o atentado e a execução pode haver um intervalo, é justo reservar a pena maior ao delito consumado, fato que pode dar lugar ao arrependimento antes de perpetrá-lo.

O mesmo deve ser dito quando houver cúmplices de um delito, se nem todos participaram imediatamente na execução, mas são cúmplices por diferentes razões. Quando diversos homens se unem para enfrentar um perigo, quanto maior for o perigo, tanto mais procurarão torná-lo igual para todos; será difícil, portanto, encontrar quem se dispusesse a ser o executor, correndo um risco maior que os outros cúmplices. A única exceção ocorreria no caso em que fosse fixado um prêmio para o executor; como ele foi recompensado por causa do maior risco, a pena deveria ser proporcional. Essas reflexões podem parecer muito sofisticadas para quem não refletir que é realmente útil que as leis deixem o mínimo possível de motivos de acordo entre os participantes de um delito.

Alguns tribunais oferecem a impunidade ao cúmplice de grave delito que revelar o nome de seus companheiros. Esse expediente tem seus inconveniente e suas vantagens. Os inconvenientes residem no fato de a nação autorizar a traição, que é detestável até entre os celerados, porque são menos fatais para uma nação os delitos de coragem que aqueles de covardia: porque o primeiro não é freqüente, porque espera apenas uma força benfazeja e condutora que o induza a conspirar em favor do bem público, ao passo que a covardia é mais comum e contagiosa e se concentra sempre mais em si mesma. Além do mais, o tribunal que implora a ajuda de quem o ofende, mostra a própria incerteza, a fraqueza da lei.

As vantagens consistem em prevenir delitos importantes que, sendo evidentes os efeitos e ocultos os autores, atemorizam o povo; além disso, esse costume mostra que quem não é fiel às leis, isto é, às convenções públicas, é provável que não o seja às particulares. Parecer-me-ia que uma lei geral que prometesse a impunidade ao cúmplice revelador de qualquer delito fosse preferível a uma declaração especial num caso particular, porque desse modo preveniria as uniões pelo recíproco temor que cada cúmplice teria de se expor sozinho aos perigos; o tribunal já não tornaria audazes os celerados porque a estes, num caso particular, foi pedido auxílio. Essa lei, no entanto, deveria acrescentar à impunidade com o banimento do delator...

Mas em vão me atormento a mim mesmo para abafar o remorso que sinto ao autorizar as sacrossantas leis, monumento da confiança pública, base da moral humana, à traição e à dissimulação. Que exemplo seria para a nação, se pois se faltasse à promessa contra a impunidade e por meio de doutas sutilezas se levasse ao suplício, apesar da fé pública, aquele que respondeu ao convite das leis! Não são raros nas nações esses exemplos e por isso raros igualmente não são aqueles que só têm de uma nação a idéia de uma máquina complicada, cujas engrenagens são movidas pelos mais hábeis e mais poderosos, segundo seu capricho; frios e insensíveis a tudo o que encanta as almas ternas e sublimes, excitam com imperturbável sagacidade os sentimentos mais caros e as paixões mais violentas, quando estas são úteis a seus fins, dedilhando os ânimos como os músicos dedilham as cordas de seus instrumentos (cap. XXXVII).

De uma espécie particular de delitos

Todos aqueles que lerem este livro perceberão que omiti um tipo de delitos que cobriu a Europa de sangue humano e que levantou aquelas pilhas de lenha onde corpos humanos vivos serviam de alimento às chamas, quando era belo espetáculo e agradável música para a multidão cega ouvir os abafados e confusos gemidos dos miseráveis que apareciam por entre nuvens de fumaça preta, fumaça proveniente de membros humanos, entre o estridor dos ossos carbonizados e a fervura das vísceras ainda palpitantes. Mas os homens sensatos verão que o local, o século em que vivo e a matéria de que trato não me permitem examinar a natureza de semelhante delito.

Seria empresa demasiado longa, e que me desviaria de meu assunto, querer provar, contra o exemplo de muitas nações, a necessidade de uma perfeita conformidade de opinião num Estado; provar como opiniões, que distam entre si somente por causa de algumas sutis e obscuras diferenças muito acima da capacidade humana, podem, no entanto, desorganizar o bem público, a menos que somente uma seja autorizada e todas as outras proscritas; e como provar que a natureza das opiniões seja tão complexa a ponto de algumas com o contraste, fermentando e combatendo juntas, se tornam mais claras e, vindo à tona as verdadeiras, as falsas submergem no esquecimento, enquanto outras, inseguras por causa de sua falta de constância, necessitam ser paramentadas de autoridade e de força.

Seria demasiado longo provar como, por mais odioso que possa parecer o domínio da força sobre as mentes humanas, domínio cujas únicas conquistas são a dissimulação, por conseguinte, o aviltamento; por mais que possa parecer contrário ao espírito de mansidão e fraternidade sob as ordens da razão e da autoridade que mais veneramos, esse governo, no entanto, é necessário e indispensável. Tudo isso deve ser considerado evidentemente provado e conforme aos verdadeiros interesses dos homens, se houver quem, com reconhecida autoridade, o exerça com moderação.

Na verdade, só falo aqui dos delitos que emanam da natureza humana e do pacto social e não dos pecados, cujas penas, mesmo temporais, devem ser regulamentadas com outros princípios e não com aqueles de uma limitada filosofia (cap. XXXIX).

Falsas ideias de utilidade

Uma fonte de erros e de injustiças são as falsas idéias de utilidade que os legisladores se formam. Falsa idéia de utilidade é aquela que antepõe os inconvenientes particulares ao inconveniente geral, aquela que comanda os sentimentos em vez de excitá-los, aquela que diz à razão: *sê escrava*. Falsa idéia de utilidade é aquela que sacrifica mil vantagens reais por causa de um inconveniente imaginário ou de pouca importância, como o de tirar dos homens o fogo porque causa incêndios e a água porque afoga ou que, para impedir desgraças, opta pela destruição.

As leis que proíbem o porte de armas são dessa natureza; elas só desarmam os cidadãos que não estão inclinados nem determinados a cometer delitos, enquanto aqueles que têm coragem de violar as leis mais sagradas da humanidade e as mais importantes do código, como haveriam de respeitar as menores e puramente arbitrárias, objeto de tão fáceis e impunes contravenções e cuja exata observância tira a liberdade pessoal, tão cara ao homem, tão cara ao esclarecido legislador, e submete os inocentes a todos os vexames reservados aos réus? Essas leis pioram as condições dos agredidos, melhorando as dos agressores, não diminuem os homicídios, mas os aumentam, porque há mais ousadia em agredir os desarmados do que os armados. Essas leis não previnem os delitos, mas os temem e se originam da tumultuosa impressão de certos fatos particulares e não da análise racional dos inconvenientes e das vantagens de um decreto universal.

Falsa idéia de utilidade é aquela que pretendesse conferir

a uma multidão de seres sensíveis a simetria e a ordem que a matéria bruta e inanimada suporta, que negligencia os motivos presentes, únicos capazes de agir de forma constante e determinada sobre a multidão, para dar força aos motivos remotos, cuja impressão é passageira e fraca, se uma força de imaginação, não usual na humanidade, não supre a distância do objeto com seu aumento e aproximação.

Finalmente, falsa idéia de utilidade é aquela que, sacrificando a coisa à palavra, separa o bem público do bem de todos os cidadãos particulares.

Há, entre o estado de sociedade e o estado de natureza, a diferença de que o homem selvagem só causa mal a outrem quando nisso descobre alguma vantagem para si, enquanto que o homem sociável é às vezes movido pelas más leis a prejudicar outros sem nenhum proveito próprio.

O déspota espalha o medo e o abatimento na alma de seus escravos, mas esse medo e esse abatimento voltam-se com maior força contra ele próprio, passando a atormentar sua alma. Quanto mais solitário e doméstico for o temor, tanto menos perigoso é para aquele que faz dele instrumento de sua própria felicidade; mas quanto mais público for e atingir uma grande multidão de homens, tanto mais fácil será haver o imprudente ou o desesperado ou o ousado sagaz que induza os homens a servir a seus interesses, despertando neles sentimentos mais caros e tanto mais sedutores quanto mais o risco da empresa recair sobre um grande número de homens, outros tantos cúmplices; e o valor que esses infelizes dão à própria existência diminui na proporção dos males que sofrem.

Esta é a causa pela qual as ofensas fazem surgir novas, pois, o ódio é um sentimento muito mais duradouro que o amor e o primeiro ganha força com a freqüência dos atos, enfraquecendo o segundo (cap. XL).

Dos meios de prevenir os delitos

É melhor prevenir os delitos que puni-los. Este é o objetivo principal de toda boa legislação, que é a arte de conduzir os homens à máxima felicidade ou à mínima infelicidade possível, para falar segundo de todos os cálculos dos bens e dos males da vida. Mas os meios empregados até hoje são em geral falsos e contrários ao fim proposto.

Não é possível reduzir a tumultuada atividade dos homens a uma ordem geométrica, sem irregularidade nem confusão. Como as constantes e simplicíssimas leis da natureza não impedem que os planetas se desviem de seus cursos, assim também nas infinitas e totalmente opostas atrações do prazer e da dor não podem ser impedidas pelas leis humanas a perturbação e a desordem. É essa, porém, a quimera dos homens limitados, quando têm em mãos o comando.

Proibir uma multidão de ações indiferentes não é prevenir os delitos que delas podem decorrer, mas é criar novos, é definir a gosto a virtude e o vício, que nos são pregados como eternos e imutáveis. A que ficaríamos reduzidos, se nos fosse proibido tudo aquilo que pode eventualmente nos induzir ao delito? Seria necessário privar o homem do uso de seus sentidos. Para cada motivo que impele os homens a cometer um verdadeiro delito, há mil outros motivos que os levam a praticar ações indiferentes, que são chamadas delitos pelas más leis; e se a probabilidade dos delitos é proporcional ao número de motivos, ampliar a esfera dos delitos é aumentar a probabilidade de cometê-los. A maioria das leis não passa de privilégios, isto é, um tributo de todos para a comodidade de poucos.

Querem prevenir os delitos? Façam com que as leis sejam claras, simples, e que a nação inteira se prontifique a defendê-las e parte alguma desta se sinta no direito de destruí-las. Façam com que as leis favoreçam menos as classes dos homens que os próprios homens. Façam com que os homens as temam e temam unicamente essas leis. O temor das leis é salutar, mas o temor que um homem inspira a outro é fatal e fonte de delitos.

Os homens escravos são mais voluptuosos, mais libertinos, mais cruéis que os homens livres. Estes estudam as ciências, pensam nos interesses da nação, vislumbram grandes objetivos e procuram alcançá-los; os escravos, porém, satisfeitos com o dia presente, procuram na confusão da libertinagem uma distração por causa do aniquilamento em que se vêem mergulhados; habituados com a incerteza de todas as coisas, o êxito de seus delitos se torna problemático para eles, alimentando somente a paixão que os induz a praticá-los.

Se a incerteza das leis recai sobre uma nação indolente por causa do clima, essa mesma incerteza mantém e aumenta sua indolência e estupidez. Se recair sobre uma nação voluptuosa, mas ativa, desperdiça sua atividade num incalculável número de pequenas confusões e intrigas que semeiam a desconfiança em todos os corações e que fazem da traição e da dissimulação a base da prudência. Se recair sobre uma nação corajosa e forte, a incerteza das leis é eliminada no final, causando antes muitas oscilações da liberdade à escravidão e da escravidão à liberdade (cap. XLI).

Das ciências

Querem prevenir os delitos? Façam com que as luzes acompanhem a liberdade. Os males que nascem do conhecimento estão em razão inversa de sua difusão e os bens o são na razão direta. Um impostor ousado, que é sempre um homem que não é ignorante, é adorado por um povo ignorante, mas é desprezado por um povo culto. O conhecimento, visto que facilita a comparação entre objetos e multiplica seus diversos aspectos, contrapõe muitos sentimentos que se modificam reciprocamente, tanto mais facilmente quanto mais são vislumbrados nos outros os mesmos aspectos e as mesmas resistências. Perante as luzes difundidas em profusão na nação, cala-se a caluniadora ignorância e treme a razão desprovida de razões, permanecendo imóvel a vigorosa força das leis, porque não há homem esclarecido que não ame os pactos públicos, claros e úteis da segurança pública, comparando o pouco de liberdade inútil por ele sacrificado diante da soma de todas as liberdades sacrificada pelos outros homens que, sem as leis, poderiam conspirar contra ele.

Todo aquele que for dotado de uma alma sensível, lançando um olhar sobre um código de leis bem feitas e notando que só perdeu a funesta liberdade de causar mal aos outros, se sentirá obrigado a bendizer o trono e quem o ocupa.

Não é verdade que as ciências sejam sempre nocivas à humanidade e, quando o foram, constituíam um mal inevitável para os homens. A multiplicação dos homens sobre a superfície da terra introduziu a guerra, as artes mais rudes, as primeiras leis, que eram pactos momentâneos que derivavam da necessidade e com ela pereciam. Essa foi a primeira filosofia dos homens, cujos parcos elementos eram justos, porque a indolência e a pouca sagacidade deles os preservavam do erro. Mas as necessidades se multiplicavam juntamente com a multiplicação dos homens. Eram necessárias, portanto, impressões mais fortes e mais duradouras para impedir seus freqüentes retornos ao primeiro estado de insociabilidade, estado que se tornava sempre mais funesto.

Fizeram, portanto, um grande bem à humanidade (quero dizer um grande bem político) aqueles primeiros erros que povoaram a terra de falsas divindades e que criaram um universo invisível que presidia o nosso. Foram benfeitores dos homens aqueles que ousaram surpreendê-los e arrastaram para os altares a dócil ignorância. Apresentando aos homens objetos fora do alcance dos sentidos, que fugiam diante deles à medida que julgavam alcançá-los, nunca desprezados porque jamais bem conhecidos, reuniram e concentraram as paixões divididas num só objeto que os impressionava fortemente.

Estas foram as primeiras vicissitudes de todas as nações que se formaram com a união de povos selvagens, essa foi a época da formação das grandes sociedades e esse foi seu vínculo necessário e talvez único. Não falo daquele povo escolhido por Deus, povo para o qual os milagres mais extraordinários e as graças mais marcantes substituíram a política humana. Mas como é próprio do erro subdividir-se ao infinito, assim também as ciências que dele surgiram fizeram dos homens uma multidão fanática de cegos que, num labirinto fechado, se chocam e se confundem de tal modo que algumas almas sensíveis e filosóficas chegaram até a sentir saudades do antigo estado selvagem. Essa foi a primeira época, na qual os conhecimentos, melhor dizendo, as opiniões, foram funestos.

A segunda época se situa na difícil e terrível passagem dos erros à verdade, das trevas à luz. O imenso choque dos erros úteis a reduzido número de poderosos contra as verdades úteis ao grande número de fracos, a aproximação e a fermentação das paixões, que despertam nessa ocasião, causam infinitos males à mísera humanidade. Quem refletir sobre os diferentes acontecimentos da história que, depois de certos intervalos de tempo, se repetem sempre nas épocas principais, encontrará nelas reiteradas vezes uma geração inteira sacrificada para a felicidade daquelas que lhes sucedem na lúgubre mas necessária passagem das trevas da ignorância à luz da filosofia e da tirania à liberdade, que são suas conseqüências naturais. Quando, porém, acalmados os ânimos e extinto o incêndio que purificou a nação dos males que a oprimiam, a verdade, cujos progressos são inicialmente lentos e depois acelerados, senta-se nos tronos dos monarcas e possui altar e culto nos parlamentos das repúblicas, quem poderá então afirmar que a luz que ilumina a multidão seja mais nociva que as trevas e que as verdadeiras e simples relações das coisas bem conhecidas pelos homens lhes sejam funestas?

Se a cega ignorância é menos fatal que o medíocre e confuso saber, porquanto este acrescenta aos males da primeira aqueles do erro inevitável de quem tem uma visão restrita para aquém dos limites do verdadeiro, o dom mais precioso que o soberano possa conceder à nação e a si mesmo é um homem culto, tornando-o depositário e guarda das sagradas leis. Habituado a ver a verdade sem temê-la, desprovido da maior parte das necessidades da opinião, necessidades nunca suficientemente satisfeitas e que põem à prova a virtude da maioria dos homens, afeito a contemplar a humanidade dos pontos de vista mais elevados, diante dele a própria nação se torna uma família de irmãos, e a distância que separa os grandes do povo lhe parece tanto menor quanto maior é a massa dos homens que tem diante dos olhos.

Os filósofos têm necessidades e interesses desconhecidos do povo, principalmente o de não desmentir publicamente os princípios que pregam quase em segredo e adquirem o hábito de amar a verdade por si mesma. A escolha de homens desse porte faz a felicidade de uma nação, mas será felicidade momentânea se as boas leis não aumentarem de tal modo o número dos sábios que praticamente anulem a probabilidade de fazer uma escolha equivocada (cap. XLII).

Educação

Finalmente, o meio mais seguro, mas igualmente o mais difícil, de prevenir os delitos e o de aperfeiçoar a educação. O assunto é vasto demais e excede os limites que me prescrevi, assunto que, ouso dizê-lo, está intrinsecamente ligado à natureza do governo, para que não permaneça sempre, até chegarem os séculos ainda distantes da felicidade pública, um campo estéril e cultivado aqui e acolá por reduzido número de sábios.

Um grande homem[7], que ilumina a humanidade que o persegue, mostrou em detalhes quais são as principais máximas da educação verdadeiramente útil aos homens, isto é, que a educação consiste menos numa multidão estéril de objetos do que na escolha e na precisão deles, que a educação consiste em substituir as cópias pelos originais nos fenômenos morais ou físicos que o acaso ou a habilidade do mestre apresenta ao espírito dos jovens, consiste ainda em conduzir à virtude pelo caminho fácil do sentimento e em afastar os jovens do mal pela força infalível da necessidade e dos inconvenientes e não com a força incerta do comando que só obtém uma simulada e momentânea obediência.

Concluo com uma reflexão: o tipo da pena deve ser re-

---

7 Alusão à obra Emílio ou da educação de Jean-Jacques Rousseau (1712-1778), filósofo e romancista suíço, obra que causou grande impacto na sociedade da época, ligada ainda a sistemas educacionais retrógrados, e que abriu caminho para novos métodos de pedagogia; dentre as outras obras deste autor, já foram publicadas nesta coleção da Editora Escala: Origem da desigualdade entre os homens e O contrato social (NT).

lacionado com as condições da própria nação. As impressões nos espíritos empedernidos de um povo que mal saiu do estado selvagem devem ser mais fortes e sensíveis. Seria necessário um raio para abater um leão feroz que conseguir reagir a um disparo de fuzil. Mas à medida que os ânimos se abrandam no estado de sociedade, aumenta a sensibilidade e, aumentando esta, a força da pena deve diminuir, se acaso se quiser manter constante a relação entre objeto e sensação.

De tudo o que acaba de ser exposto, pode-se deduzir um teorema geral muito útil, mas pouco conforme ao costume, que é o legislador usual das nações, ou seja: Para que toda pena não se transforme num ato de violência de um ou de muitos contra um cidadão privado, deve ser essencialmente pública, pronta, necessária, a menor das penas possíveis nas circunstâncias dadas, proporcional ao delito e ditada pelas leis (cap. XLV).

Abolição da tortura e da pena de morte

Uma revolução na história multimilenar do Direito

Os pontos centrais da doutrina jurídica de Beccaria giram em torno da abolição total da tortura e da eliminação da aplicação da pena de morte. São dois pontos que merecem destaque especial, porquanto essas práticas extremas eram usuais e comuns desde a antiguidade. Não se pode esquecer que, durante todo o período medieval, a tortura era praticada com requintes de crueldade, a serviço da qual se lançava mão de todos os instrumentos de suplício que se possa imaginar. Parece que a inteligência do homem se aprimorava na invenção de métodos de tortura sempre mais cruéis, horrendos e que exprimiam todos os sentimentos mais baixos de vingança, quando não de um sadismo vulgar e inominável.

Primeira das penas corporais, infligida na presença de um médico que segura o pulso do "paciente", a tortura era uma ameaça constante a todo suspeito acusado de crime grave. A totura tinha como objetivo principal atormentar o corpo do suspeito para arrancar dele a confissão do delito. Era uma espécie de ato preparatório para a condenação definitiva e a aplicação da pena capital. A tortura era aplicada por sufocação, afogamento, alongamento forçado do corpo puxando-o com roldanas pelos membros superiores e inferiores, por queimaduras e por outros métodos bárbaros, desumanos e revoltantes. Era, apesar de tudo, defendida pelos teólogos e pelos penalistas que viam nela um meio lícito para forçar a confissão probatória do crime cometido. Afirmavam esses defensores da prática que a tortura não era injustamente cruel nem inútil e, muito menos, imoral. Contrariamente ao que pensam esses defensores dos métodos de tortura, Beccaria insiste em classificá-la como um sinal de barbárie, um ato desumano, uma prova corporal odiosa, uma prática que conspurca a ética judicial, um instrumento jurídico de todo imoral.

O segundo ponto que revolta Beccaria e o induz a ser mais incisivo em seu escrito se refere à pena capital. A pena de morte era ato bastante comum e público, a fim de mostrar a todos os cidadãos que os criminosos deviam ser eliminados da sociedade. Eles representavam o mal por excelência, que devia ser erradicado do meio social. A pena de morte era aplicada indistintamente a assassinos, a salteadores, a ladrões e a todos aqueles que, de maneira ou de outra, ofendiam gravemente a autoridade constituída, fosse ela civil ou religiosa. Os métodos usados para a execução dependiam obviamente da atrocidade do crime perpetrado. Havia o suplício da roda, o enforcamento, a degola, a fogueira (abolida em 1670 em vários países) e outros, como o de ser amarrado e puxado por quatro cavalos até ser desmembrado. Após a morte não era incomum o esquartejamento do condenado.

Na época de Beccaria, a pena capital exprime a aplicação plena da justiça que reflete a soberania absoluta do Estado. Além desse papel político, é vista como um instrumento radical de terapia social. A pena de morte funciona também como elemento de segurança da ordem pública e é legitimada por seu papel de proteção contra o inimigo público, o criminoso. Os argumentos apresentados pelos defensores da pena capital geralmente se resumiam a três: exterminar o mau para que não volte a praticar o mal; servir de exemplo a todos de que o crime não compensa; "limpar" a sociedade e preservá-la do contágio dos criminosos. Beccaria se insurge contra todos esses argumentos e toma posição clara e incisiva pela abolição total da pena capital. A bem da verdade, reconhece que sua aplicação pode subsistir e ser legítima em casos extremos, como no caso de um sedicioso que colocasse em risco total a segurança da nação. Mas não deixa de insistir que a experiência de todos os séculos, bem como as diversas legislações mostram que a pena capital não intimida o criminoso e não traz todos esses benefícios que seus defensores enumeram.

Para concluir, convém transcrever a breve análise desses dois pontos feita por Giovanni Reale e Dario Antiseri: "Beccaria propôs duplo problema premente: o da *tortura* e o da *pena de morte*. Levou a prática da tortura a um dilema que conduzia inevitavelmente à sua abolição: *O delito é certo ou incerto; se é certo, não lhe convém outra pena além da estabelecida pelas leis, sendo inúteis os tormentos porque inútil é a confissão do réu; se é incerto, não se deve atormentar um inocente, porque, segundo as leis, assim é um homem cujos delitos não foram provados.*

Mas mais importantes ainda foram os seus argumentos contra a pena de morte. Beccaria partiu de um grupo de princípios que considerava sólidos: um homem é uma pessoa e não uma coisa; os homens se reúnem em sociedade, através de contrato, somente para obter defesa e segurança; os delitos constituem um dano à sociedade no sentido de que diminuem a medida de segurança; as penas só são legítimas se impedem novos danos, mais medo e insegurança. Partindo desses princípios, o iluminista milanês concluiu que era preferível prevenir os delitos a puni-los com a pena de morte; quando a prevenção falhasse e fossem cometidos delitos, estes seriam punidos *prontamente*, sem adiamentos e contemporizações, com penas moderadas, mas infalíveis.

Na opinião de Beccaria, a pena de morte é inoportuna por três motivos principais:

Como ninguém tem o direito de se matar, com maior razão ainda ninguém pode pôr sua própria vida nas mãos do juiz, pois a vida é o máximo de todos os bens, e a sua interrupção violenta não *faz parte de um pacto social*.

A experiência de todos os séculos nos mostra que a pena de morte não é um dissuasor infalível: *o último suplício nunca dissuadiu os homens determinados a ofender a sociedade*; mas *o longo e penoso exemplo de um homem privado de liberdade* e obrigado a trabalhar duramente dissuade muito mais de cometer delitos, porque constitui uma perspectiva muito mais dolorosa do que a morte, que é violenta, sim, mas repentina.

Por fim, a morte legal é um dado contraditório, porque as leis não podem proibir a morte e, ao mesmo tempo, prevê-la como pena: *Parece-me absurdo que as leis, que são expressão da vontade pública e que detestam e punem o homicídio, elas próprias o cometam e, para afastar os cidadãos do assassínio, ordenem um assassínio público* (História da filosofia, vol. 4, p. 337-38).

BIBLIOGRAFIA

BECCARIA, Cesare – *Dei delitti e delle pene* - Feltrinelli Editore, Milão, 1991.

MAESTRO, Marcello – *Cesare Beccaria e le origini della riforma penale* – Feltrinelli Editore, Milano, 1977.

PORRET, Michel – *Beccaria, Le droit de punir* – Editions Michalon, Paris, 2003.

REALE, Giovanni e ANTISERI, Dario – *História da filosofia*, vol. 4 - Paulus, São Paulo, 2009, 3ª. ed.